꼭 알아야 할
저승 가이드

꼭 알아야 할
저승 가이드

초판 1쇄 발행 2021년 11월 1일

저자 최설도

편집 쥴리
디자인 유지
교정 궁민

출판사 도서출판 도리도리
대표 최홍섭
출판등록 제2021-000080호
주소 서울특별시 서대문구 신촌로 51, 187호 (창천동)
이메일 koreajoara@nate.com

ISBN 979-11-975950-0-4(03810)

출간하고 싶은 원고가 있으면 도서출판 도리도리와 상담하세요.
시행착오를 겪지 않도록 최대한 도와 드립니다.
저희와 그 뜻을 함께 하시면 책이 향기로운 빛을 발할 것입니다.
koreajoara@nate.com으로 연락 주세요.

꼭 알아야 할
저승 가이드

오묘한 미스터리 체험소설
전생에 저승사자였던 저자의 환상소설

최설도 지음

도서출판 도리도리

목차

프롤로그 6

1. 저승길 10
2. 끝이 있는 인생 12
3. 인생은 어차피 한바탕 꿈 16
4. 신통력(神通力) 18
5. 저승사자(使者)의 등장 36
6. 죽은 사람이 살아 돌아오다 39
7. 삼천갑자(三千甲子) 동방삭 54
8. 시계(時計)와 대우주(大宇宙) 62
9. 법신(法身)의 화현(化現) 65
10. 성현(聖賢)의 지위 81
11. 구령삼정주(九靈三精呪)와 사도세자 86
12. 석가여래와 제천대성의 대결 101
13. 냉혹(冷酷)한 저승사자 111
14. 저승사자를 알아채는 동물 115
15. 물가에 있던 아이와 가짜 저승사자 126

16. 닭 피, 퇴마 주문 그리고 저승사자　　　　135
17. 저승사자에게 밥상을 차리다　　　　　　 144
18. 저승사자를 찾아가는 솥뚜껑 도인　　　　160
19. 지하철에 나타난 저승사자　　　　　　　 172
20. 자살자와 저승사자　　　　　　　　　　　180
21. 가수 이애란과 저승 행진곡　　　　　　　186
22. 가수 이상은과 삼도천, 염도천, 염솔천　　195
23. 밖에서 이름을 부르다　　　　　　　　　　214
24. 갑자기 닭살이 돋다　　　　　　　　　　　220
25. 흠칫흠칫 저수지　　　　　　　　　　　　225
26. 장례식장　　　　　　　　　　　　　　　　227
27. 화장(火葬)과 삽자루　　　　　　　　　　230
28. 영정 사진에서 들려오는 소리　　　　　　236
29. 제사(祭祀)　　　　　　　　　　　　　　　248

에필로그　　　　　　　　　　　　　　　　　　258

프롤로그

이 책의 내용은 전생에 저승차사(=저승사자)였던 저자가 실제로 겪었던 일들이다. 책 속에는 여러분이 이미 알고 있던 내용들도 있겠지만 듣도 보도 못한 전혀 새로운 내용들도 있을 것이다. 전부 사실이다. 영안(靈眼)이 크게 열린 사람들은 알 것이다. 저자는 그 옛날 염라대왕의 명을 받들어 조선인의 영혼을 저승계로 안전하게 데리고 가던 저승차사였다. 하지만 저승차사로 있으면서 꼭 데려가야 할 사람이 아닌 다른 사람을 실수로 저승으로 데려가는 뼈아픈 일을 세 번이나 겪게 되었다. 저승사자의 수첩 명부에 있는 영혼이 아닌 다른 영혼을 저승으로 데려갈까 봐 그렇게 조심하고 수차례 확인했는데도 불구하고 세 번이나 그런 일이 발생하게 된 것이다.

다행히 염라대왕께서 피해 보는 영혼이 없도록 영혼들에게 충분한 보상을 해 주었으며 저승사자였던 저자의 실수들이 다시 제자리로 찾아가도록 처리해 주었다. 하지만 저자는 실수한 것에 대해 합당한 벌을 받게 되어 어쩔 수 없이 지상계인 지구로 내려오게 되었다. 그런 저자 역시 이에 대해 억울하고 할 말이 많지만 하늘의 법도가 그러하니 할 수 없는 부분이다. 여러분은 옛날에 저승사자였던 저자의 실수를 바라보면서 이를 타산지석으로 삼아야 한다. 공부하라는 뜻이다. 그리고 각자에게 주어진 인생을 멋있게 즐길 줄 아는 그런 사람이 되었으면 한다. 이 책이 그런 면에서 조금이나마 도움이 되었으면 좋겠다.

삼도천을 건너 변함없이 망자(亡者) 앞에 나타나고
망자가 그와 동행하니 저승길이 위태롭지 않도다
보아라 산천초목 속의 귀신들도 숨죽이고 숨는구나
구천에 있는 신장(神將)급 귀신들도 극렬히 긴장하네
모두가 그를 가리켜 저승사자라고 부르는데
사자(使者) 가는 길에 서산(西山)의 해도 뉘엿뉘엿 져가네

- 그 옛날 어느 도인 도사가 멀리서 저승사자를 보고 나서 -

1. 저승길

저승 갈 때 그냥 가면 곤란하다. 이 책을 미리 읽고 가야 마음 한편이 편안해진다. 그리하면 책의 내용이 여러분의 친구가 되어 줄 것이다. 알다시피 우리는 저승 갈 때 빈손으로 간다. 하지만 머릿속에 있는 지식은 고스란히 가지고 갈 것이다. 기억된 책의 내용이 그나마 그 빈손을 채워 주리라. 저승사자를 처음 보고 나서 친구 대하듯이 또는 먼 길을 같이 간다고 해서 짝꿍처럼 여겨서는 안 된다. 그는 하늘의 신장(神將)이다. 꽤 높은 등급인 것이다. 군대로 치면 장성(將星)급에 해당한다.

그러나 우리는 어떠한가? 죄인이다. 지구라는 큰 학교로 전입을 명받은 죄인인 것이다. 하지만 저승부에서는 우리가 윤회할 때마다 우리의 전생 기억을 전부 차단시켜 버린다. 만약 전생 기억이 새록새록 일어난다면 현생의 모든 것과 부딪혀서 수많은 문제가 발생할 것이다. 그러면 더 이상 윤회라는 것을 유지할 필요가 없게 된다. 그래서 우리는 우리가 죄인이라는 것을 잊어버리게 된다. 또한 저승사자가 왜 을(乙)이 될 수 없고 무시무시한 존재가 될 수밖에 없는지는 이 책을 읽다 보면 자연적으로 알게 될 것이다. 그때 요긴할 것이라 본다.

군대의 쓰임에 대해 말하길 전시(戰時)에 한 번 써먹기 위해서 존재한다고 한다. 그럼 이 책의 존재 이유는 무엇인가? 저승 가기 전후로 딱 한 번 써먹기 위해서이다. 그 이상은 될 수 없다. 더 이상은 권하지도 않는다.

지금은 여러분이 이 책을 다 읽고 나서도 내 말을 듣지 않고 웃겠지만 훗날 때가 되어 이승을 떠나기 전후가 되면 내가 가장 먼저 떠오를 것이다. 차원세계가 존재하며 저승사자 또는 천사가 여러분을 데리러 온다는 것을 말이다.

그러나 이미 귀신이나 저승사자가 있다는 것을 알고 있는 분도 있을 것이다. 만일 거기까지만 알고 있고 그 이상을 모르는 경우에는 사고(思考)의 영역을 확장시켜 보기 바란다. 귀신, 저승사자가 있음을 경험했으니 신의 존재를 부정하지는 못할 것이다. 그럼 그 신들이 있다는 것은 사후세계도 존재하는 거 아닐까? 하고 말이다.

2. 끝이 있는 인생

『꼭 알아야 할 저승 가이드』는 사람이 살아생전 어떻게 살아야 하는지를 전해 주려는 책이다. 나는 어느 날 영안(靈眼)이 열린 사람으로서 지금은 태산북두 도량에서 점집을 운영하고 있다. 영안이 열렸다 말하기도 하고 또는 천안(天眼)이 열렸다고 하거나 영문(靈門)이 열렸다는 표현도 있다. 전부 다 비슷한 언어들이다. 사람마다 각기 가져오는 단어가 다르다 보니 표현만 다를 뿐 내용은 거의 비슷한 것이다. 이 책의 구성을 크게 보면 이 세상을 살아가면서 겪게 되는 죽음과 관련된 현상들, 죽기 전에 일어나는 현상들, 죽은 후에 가야 하는 세상, 이승에 살아남은 사람들이 해야 할 일 등 여러 가지 상황을 엮었다.

이 책은 또한 일반적인 책들과는 내용이 현격히 아주 다른데 이 세상에서 가장 재미없는 책이란 확신이 불꽃처럼 솟구쳐 일어날 정도이다. 하지만 정중동(靜中動)이란 말이 있듯이 너무 재미가 없는 것이 극에 달해 버리면 반대편으로 아예 건너가 버려 문리(文理, 사물의 이치를 깨달아 아는 힘)가 일어날 수 있다. 그리되면 이 책으로 인해 자신의 인생을 점검하고 다시 돌아보는 계기가 되어 어떻게 하면 남은 인생을 슬기롭게 살 수 있을까를 헤아릴 수 있을 것이다. 꼭 그렇게 되길 바란다. 많은 사람들이 혼탁한 세상을 올바른 사회로 고쳐 나가고 모순과 부조리가 없는 그런 세상을 만들어 간다면 얼마나 좋을까 한다. 그리고 지금 사람들은 신의 존재, 저승의 존재, 귀신의 존재를 부정하는 사람들이 거의 대다수인데 그래도 괜찮다. 나도 그랬다. 영안이 열리기 전에는 나도 그랬으니 이해가 간다. 더구나 그것은 개인의 선택 문제니까 내가 뭐라고 할 수 있는 영역도 아닌 것 같다. 하지만 이 책 『꼭 알아야 할 저승 가이드』를 읽고 자기 인생에 많은 참고를 한다면 세상을 보는 시야가 조금은 달라질 수 있을 것이다.

먼저 우리 사회를 보자 지금 어떠한가? 내가 만들어 놓지도 않은 치열한 경쟁사회 속에서 우리는 시계 바늘처럼 쉴 틈 없이 하루하루를 보내고 있다. 아무리 본인의 기억을 뒤져 봐도 태어나고 싶어서 태어난 것도 아닌 것 같고 언제까지 이렇게 살아가야 할까 하고 우울할 때도 있을 것이다. 오히려 태어남을 당했다고 봐야 하지 않을까 하는 생각에 억울하다는 생각도 스쳐 지나간다. 그렇게 오늘 하루도 저물어 간다. 그러니 사람들은 부모 복이 최고라고 여기게 되고 줄 중에 최고의 줄은 탯(胎)줄이라는 말이 나오게 되었다. 앞으로 이런 현상은 시간이 흘러감에 따라 더욱 심해지리라 본다.

사람들은 이 한(恨)세상살이에 차츰 매몰되어 가고 있다. 그렇게 살아가는 것이 정상인지 아닌지 모르는 채, 아니 그런 생각조차 사치스러울 정도이다. 조금씩 조금씩 아는 듯 모르는 듯 세월은 흘러가고 있고 세상에 태어나서 내가 설 자리가 이렇게 좁았나 하고 씁쓸해한다. 퇴근 후 술 한잔하는 것이 어쩌면 이번 생(生)의 크나큰 낙이 아닐까 하는 생각도 들 것이다.

한국인은 술의 힘으로 하루하루 인생살이를 버티는 것이 아닌가 한다. 어떠한 희망이 잘 안 보여서일까? 더구나 어떤 사람들은 이런 힘난한 세상에서 갑을(甲乙) 관계에 놓이게 되는 수가 있으며 을은 고사하고 병, 정이면 어떻게 하나 고민하며 살아가게 되는 경우도 있다. 또한 일부 사람은 을(乙)이 되어서는 상대방이 병(丙)이라고 생각해서인지 을 짓을 하는 경우도 방송 매체를 통해 종종 보도되곤 한다. 그러다 보니 사람들은 이 사회에서 먹고살기에 치여서 조그마한 마음의 여유조차 점점 사라지고 있다. 개인에게 있던 여유마저 사라지고 있으니 이 사회도 그것을 따라서 점점 메말라져 간다. 이미 진행 중이다. 이 두 개가 서로 꼬리에 꼬리를 물고 돌아가고 있다. 개인과 사회 이 두 개가 맞물려 좋은 방향이 아닌 가파른 곳으로 흘러가고 있다는 느낌을 지울 수 없다는 것이다.

발걸음을 잠시 멈추고 1분만이라도 저 하늘을 바라보고 우주 만물을 생각해 본다면…. 나는 대체 어디서 와서 어디로 가는가? 저 우주의 끝은 어디란 말인가? 이 인생 게임의 종착역엔 무엇이 기다리고 있는 것일까? 지금 이 상황이 홀로그램은 아닐까? 나는 진짜 존재하는 것일까? 이 모든 것이 진짜가 아니고 환영은 아닐까? 등 여러 가지 생각이 떠오를지도 모른다. 사람이니까….

그리고 끝이 없는 우리네 인생길…. 이제 이 책을 한 번이라도 읽어보고 나서 우리들 인생의 종점이자 종착점이 여기 지구 큰 학교라고 여기고 이곳에서 각고의 노력으로 수행하고 또 수행하여 윤회의 수레바퀴를 벗어나야겠다고 다짐해야 한다. 태어나면서부터 시작하여 끝도 없는 길을 가기 위해 계속 윤회의 수레바퀴 속으로 들어가는 그런 일이 발생하지 않도록 말이다. 첫 장부터 딱딱하고 재미없겠지만 이 내용을 전하고 싶었다. 여러분은 언제까지 계속 돌고 돌 건가? 하도 돌고 돌다 보니 이젠 자기가 제자리임을 알았을 때는 또 얼마나 섬뜩할까? 가수 전인권은 마약 전과가 5범이라고 한다. 하지만 나는 지금 그 이야기를 하려는 게 아니다. 그는 이제 손 씻고 새사람이 되었으니 말이다. 전인권(들국화)의 노래 '돌고 돌고 돌고'가 있다. 여러분이 그 노래를 듣고는 순환(循環)의 아름다움을 느껴 마치 윤회의 수레바퀴도 그와 비슷할 거라 착각하면 아주 큰일 난다. 끝이 없는 길을 이젠 끝내야 한다. 저 중독성 있는 노래를 듣고 나서 '위로를 받고 힘이 나니 다시 돌아야겠다'고 생각한 순간 판(板)이 어떻게 돌아갈지 스스로 고찰(考察)해 보기 바란다.

3. 인생은 어차피 한바탕 꿈

삼몽시(三夢時) / 서산대사(西山大師)

主人夢說客 (주인몽설객)	주인이 손님에게 자신의 꿈을 말하니
客夢說主人 (객몽설주인)	손님도 자신의 꿈을 주인에게 말하는구나
今說二夢客 (금설이몽객)	지금 꿈 이야기를 하는 두 사람이여
亦是夢中人 (역시몽중인)	이 또한 꿈속의 사람들일뿐이로다

서산대사(1520~1604)로 불린 휴정 스님. 사람들은 그를 서산(西山)에 위치한 묘향산에 오래 머물렀으므로 서산대사(西山大師)라고 불렀다. 1592년(선조 25)에 풍신수길의 명을 받은 왜군들이 조선을 침략하는 임진왜란이 일어나 왜군이 파죽지세로 한양을 향해 북상하여 한양을 함락하고 선조는 평양을 거쳐 평안도 의주까지 피난가는 상황이 되었다. 당시 묘향산에 거주하던 서산대사는 72세라는 나이에도 불구하고 선조에게 승병을 일으켜 나라를 구할 것을 약속하고 승병을 모아 명나라 군대와 합세하여 왜군과 전투를 치르게 된다. 하지만 당시 고령의 나이인지라 유정(사명대사)에게 군대를 맡기고는 묘향산으로 돌아갔다.

임진년에 왜군이 조선으로 쳐들어오기 36년 전인 1556년 어느 날, 젊은 서산대사는 '출가한 본뜻이 어찌 여기에 있겠는가?' 탄식하고는 당시 한양 봉은사 주지로 있었고 '선교양종판사'로 임명받았던 그는 모든 직함을 내려놓고 금강산으로 향하였다. 가는 도중에 보니 어느 주막집에서 잠깐 쉬어 가게 되었는데 주막 주인과 나그네가 서로 간밤의 꿈 이야기를 하고 있는 것이었다. 서산대사는 주막집 툇마루에 앉았다가 두 사람이 꿈 이야기를 하는 것을 듣고 지켜보던 중 살짝 미소 지으며 시 한 수를 읊게 된다. 그것이 서산대사의 '삼몽시'이다. 우리 인생은 이와 같다. 꿈속에 있던 인물들은 모두 사라지고 없어졌으나 또다시 그 꿈 관련 이야기를 하는 최설도와 그를 바라보는 여러분도 꿈속의 인물이 되어 또다시 꿈속으로, 시간 속으로 사라져 갈 것이다. 그리고 우리도 훗날의 사람들이 보건대 어느덧 미래판 '삼몽시'의 주인공이 되지 않을까 한다. 아니라고 부인하는 사람은 아마 거의 없을 것이다. 세상을 떠들썩하게 만들고 하나님이라 자칭(自稱)하며 불사(不死)를 주장하던 영생교(永生敎)의 교주 조희성도 교도소 복역 중 사망했다.

4. 신통력(神通力)

계룡산의 마하(摩詞)선사, 오대산의 오악(五嶽)도인, 태백산의 백담 선생, 무등산의 정 도령, 지리산의 허공신인(虛空神人) 등 내가 알고 있는 영적인 소유자들이 몇몇 있다. 그들은 모두 바깥 세상에 나오지 아니하고 두문불출하지만 신통력(神通力)이 다들 상당하다. 수준이 나보다 월등히 높다는 것이다. 아마도 평생 수련과 수행을 하다 보니 능력이 높아지게 되고 이미 모든 집착을 내려놓았을 것이며 내려놓은 만큼 기운이 가벼워져 자신의 수준이 계속 올라간 것이다.

그에 비해 나는 10년간 세상을 돌아다니면서 이것저것 보고 배웠지만 고생은 많이 한 것 같은데 별로 신통치 않았다. 그러나 그 후 어느 날인가 나는 영안을 얻게 되었고 도량을 지어서 '태산북두'라는 간판을 내걸게 되었다. 하지만 점집을 운영하며 조용히 살려고 했는데 시간이 지나갈수록 정말이지 생사를 오락가락하는 힘든 여정을 겪었다. 10년간 세상을 돌아다니며 주유(周遊)한 것과 산속에서 도를 얻기 위해 수행한 것들은 아무것도 아닐 정도였다. 그 이유는 바로 점집을 내방하는 손님들에게 있었다. 손님들의 이야기를 듣고 인생 상담을 해 주다 보니 어느덧 내 분야도 아닌 귀신들을 저승으로 보내야 하는 상황에까지 이르렀던 것이다.

영통(靈通)을 한 후 저승에 갔다 온다고 해서 그곳을 깊숙이 자세히는 알지 못하게 저승에서 막아 놓아서 뚫고 들어갈 수가 없다. 절망적일 정도로 철통같기만 했다. 하지만 도력이 높아지면 높아진 만큼 더 자세히 내가 원하는 세계를 볼 수 있게 해 놓았다. 나의 영적인 수준이 아주 높아지면 저승세계를 자세히 사진 찍듯이 세세하게 묘사할 수가 있을 텐데…. 그래서 이곳 지상계에 내가 알고 있는 모든 것을 전달해 주고 싶은데 실력이 많이 모자란다. 하늘나라에서는 도력을 갖춘 자가 차원세계를 영안으로 볼 때엔 자기의 그릇만큼, 자신의 수준만큼만 볼 수 있게 해 놓았다. 상천계를 영안으로 보든 중천계를 보든 하늘나라에서는 그것을 보려고 하는 영안자의 등급을 상중하 3단계로 나누어 놓았다.

하지만 세부적으로 나누어 본다면 9단계가 맞다고 본다. 하 단계 1단, 2단, 3단 / 중 단계 4단, 5단, 6단 / 상 단계 7단, 8단, 9단 이렇게 분류가 될 것이다. 만약 그렇게 본다면 나의 경우는 하 단계 3단에 속하지 않을까 한다. 그리고 더 이상은 중 단계로 넘어가지를 못하고 있다. 앞으로도 여기에서 멈춰 있을 듯하다. 그 3단계마저도 유지하려고 노력 안 하면 밑의 단계로 떨어지질 수도 있다. 옛날 용어 중에 '뜬신'이라는 말을 들어본 분들도 있을 것이다. 나이 많이 드신 분들은 혹시 들어보셨는지도 모른다. 신이 그 사람에게서 떠나갔다는 말인데 이런 일이 벌어지기도 한다. 그런 경우는 아주 드문 경우에 해당이 된다. 그렇다고 해서 수행과 연마를 안 할 수도 없다. 어떻게 될지 모르니까…. 물론 영안이 열렸다고 해서 나의 육신(肉身)에 신의 영혼이 들어왔다는 그런 뜻은 아니다.

어떤 성직자 중에 6개 외국어를 블라블라 하고 떠드는 사람을 본 적이 있거나 그런 사람이 있다고 들은 적이 있을 것이다. 한국말밖에 모르던 사람이 나머지 배운 적도 없는 언어를 어느 날 갑자기 유창하게 구사하는 경우 말이다. 그런데 세월이 지나가다 보면 어느 날인가 구사하던 언어가 하나도 남김없이 증발해 버리는 일이 일어난다. 이 경우를 가리켜 신이 떴다고 하는데 이런 경우가 있을 수 있다. 언어의 신(神)이 몸주로 그 성직자의 육신에 들어온 것이다. 이는 빙의와 아주 다르다. 어쨌든 이런 경우는 나의 상황과는 조금 다르지만 현재 위치인 하 단계 3단에서 그 밑의 단계로 떨어질 수도 있다. 그럼 나는 어느 순간 돌팔이 점쟁이가 되는 것이다. 만약 무속인에게 이런 일이 일어난다면 '선무당이 사람 잡는다'는 말 그대로이다.

계룡산 마하선사, 오대산의 오악도인 등 다섯 분은 각자가 수준 차이 또는 실력 차이가 있겠지만 중 단계 5단, 6단까지에 해당이 된다고 추측해 본다. (단, 허공 신인은 한 번밖에 뵌 적이 없어 자세히는 모르지만 다섯 분 중 가장 도력이 높지 않을까 한다.) 그래서 이런 차이로 인해 같은 차원세계를 영안으로 보고 와도 보는 사람의 수준이 각각 다르므로 이 사람 하는 말과 저 사람 하는 말이 다 다르게 된다. 그렇지 않아도 눈에 보이지 않으니 믿지 못하는 상황인데 각자 말이 다르니 그들로부터 차원세계의 존재에 대해 이야기 들은 사람들은 차원세계의 존재에 대해 더욱 의심과 부정을 하게 되고 오해도 갖게 되는 것이다. 하지만 이런 부분들을 먼저 이해하고 있었더라면 의심과 부정은 줄어들었을 텐데 말이다.

이처럼 영안을 가진 사람의 수준이 높으면 자세하고 좀 더 정확하게 볼 수 있을 것이고 미래에서 일어날 일들을 보고 오기도 한다. 하지만 그보다 수준이 낮은 단계라면 자세히 보는 것이 아니니 정확도도 같이 떨어지게 된다. 차원세계에서는 영안을 가진 자가 어느 정도 수준 이상이 되어야만 미래 장면을 볼 수 있게 해 놓았으므로 수준이 낮은 단계로는 차단된 미래를 전혀 볼 수가 없게 된다. 이렇게 해 놓으면 지상계의 수행자들은 도를 더 닦게 되고 수양에 더욱 힘쓰게 될 것이다. 이는 첩보 영화나 스파이 드라마를 보게 되면 보안 등급이 높아질수록 더욱 높은 고급 비밀정보를 볼 수 있게 한 것과 비슷하다고 이해하면 된다.

영안을 통해 상천계를 향해 보면 정말 대단하다는 생각이 절로 든다. 인간의 상상력만으로는 전부 그려 낼 수 없을 정도이다. 하느님을 경외하지 않을 수 없음을 직접 경험하는 순간이다. 하지만 이런 소중한 정보를 백날 사람들에게 이야기해 봐야 들어 주는 사람은 거의 없다. 일반 사람들은 관심도 없고 신경도 아예 쓰지 않는다. 그렇게들 살아가고 있다. 그들은 나를 이상한 사람으로 생각하고 한심하다고 여길지 모르지만 사실은 완전 정반대. 이러한 천국 세상이나 저승의 존재를 무시한다는 건 석가여래(釋迦如來), 성자(聖子) 예수, 태상노군(太上老君) 노자가 말씀해 놓으신 것들을 무시하는 것일지도 모른다는 생각이 든다. 다들 살기가 바빠서 인생을 돌아볼 여유가 없어서 그런가 보다 하고 위안을 삼는다.

이처럼 영안이 열린 사람들은 그 수준이 각양각색이다. 석가여래, 예수, 노자처럼 그 단계가 어마어마하게 높은 경우가 있다. 이분들은 인류 역사상 영통한 사람 중에 단연 최고 수준일 것이다. 이 3대 성인은 '인간의 문제를 해결해 주어야겠다' 하고 생각하고 입으로 실행을 명(命)한다거나 손으로 행동 개시만 해도 저절로 그게 이루어져 버린다. 그러면 안 된다. 대자연의 법칙에 어긋나기 때문이다. 창조주 하느님이 만든 대우주, 대자연의 질서가 흐트러지기 때문이다. 석가여래가 만약 대자비로 우리 지구별 지구인들이 사후에 지옥으로 가는 것을 전부 막아 버리고 모두 천상으로 가게 하려고 그것을 행(行)하려고 한다면 이 세상은 어떻게 되겠는가? 그래서는 안 된다. 그래서 석가여래를 대신해서 많은 보살과 나한들이 이 일을 대신하게 되는 것이다. 보살과 나한은 아직 여래가 되기 전(前) 단계이기 때문에 가능한 것이다. 능력에 많은 제한이 있기 때문이다.

예수의 경우도 마찬가지이다. 그분의 충만한 대사랑이라면 지상계 인간들은 모두 천국으로 가야 한다. 예수는 반드시 그렇게 하실 분이다. 하지만 석가여래의 경우처럼 인간들을 그런 식으로 천국으로 보낸다면 대자연의 질서가 무너지게 된다. 그래서는 안 된다.

태상노군 노자 역시 석가여래, 성자 예수와 마찬가지이다. 다만 태상노군 노자를 대부분의 사람들이 많이 알지를 못해서 그분에 대해 자세히 적어 보려고 한다. 우선 그가 지상계에 써 놓고 간 『도덕경(道德經)』 관련해서 살펴보려고 한다.

노자에 대해서 많은 분들이 모르고 있어서 그러하니 이번에 꼭 기억해 주기 바란다. 나중에 상천계에 있는 소유(遡遊) 천국에 갈 분들은 노자에 대해서 조금은 알아야 한다. 왜 그런지는 언젠가 시간이 되면 또 이야기할 시간이 있으리라 본다.

『도덕경』이 중국에서 한국으로 어떻게 해서 오게 되었을까?

> 영류왕 당시(642년) 고구려는 당나라의 침략에 미리 대비하기 위해서 장성을 축조 중이었는데 영류왕은 천리장성 축조의 감독을 연개소문에게 맡기게 된다. 연개소문이 천리장성 축조의 감독을 위해 평양을 떠난 사이 영류왕과 여러 대신들은 연개소문을 죽이기로 모의하였으나 그만 계획이 누설되고 말았다. 이를 알게 된 연개소문은 평양으로 돌아와서는 군대를 검열한다는 것을 핑계로 여러 대신들을 불러 모았고 약 100여 명에 달하는 사람들을 죽이게 된다. 이어 궁궐로 들어간 연개소문은

영류왕까지 죽여 버린다. 그리고 나서 연개소문은 영류왕 동생의 아들인 장(臧)을 영류왕의 뒤를 이을 왕으로 세웠는데 그가 바로 고구려의 마지막 왕인 보장왕이다. 연개소문은 스스로 막리지가 되어 고구려의 모든 권력을 장악하였고, 이후 국정 전반을 통솔하고 운영하였다.

보장왕 2년(643년)에 막리지 연개소문(淵蓋蘇文)이 보장왕에게 아뢰기를, "당(唐)나라에 고구려의 사신을 보내 도교를 구하여 와서 백성들을 가르치는 것이 어떠할까 합니다"라고 하였다. 보장왕이 연개소문의 말을 듣고는 "막리지의 말씀이 이치에 맞습니다"하고는 당나라에 표(表)를 올려서 도교를 고구려에 보내 줄 것을 요청하게 된다. 이에 당시 집권하고 있던 당 태종(太宗) 이세민이 고구려에서 보낸 국서를 읽어 보고는 도사(道士)라고 불리는 숙달(叔達) 등 8명을 고구려로 보내고, 숙달 편으로 노자(老子)의 『도덕경(道德經)』을 함께 보내 주었다. 그러자 보장왕이 매우 기뻐하였다.

- 『삼국사기』

『삼국사기』 기록을 본다면 『도덕경』을 당 태종 때 한국에 처음으로 보내 주었으며 연개소문이 막리지가 되어 집권할 당시인 것으로 보인다.

당나라 때 태종 이세민이 『도덕경』을 해석하면서 주석(註釋)을 달아 놓은 게 있다. 나는 당태종의 『도덕경』 주석서를 수십 번 읽어 보았지만 아직도 대부분을 깨치지 못했다. 헷갈린다고 해야 할까? 당 태종이 경전을 확실히 이해하고 해석해 놓은 건지 아직도 의심스럽다. 『도덕경』 자체가 원래 난해한데 그것을 풀어 쓴 주석이 더 난해하다는 느낌을 지울 수 없다. 해설서의 가치를 따지고 볼 때 훌륭하다는 생각이 전혀 들지 않는다. 그 이외에도 중국의 많은 인물들이 노자의 『도덕경』을 해석하고 내놓은 책이 상당히 많다. 한 문장 가지고도 해석이 수십 가지가 차고 넘친다. 그만큼 이해하기가 힘든 책이다. 한국에는 노자의 『도덕경』을 알기 쉽고 깊이 있게 강의한다는 김시천 교수란 분이 있다. 젊은 분인데 담배를 너무나도 사랑하시는 분으로서 옛날에 이분의 강의도 들어보았다. 그 외 다른 저자가 풀이한 『도덕경』 책들도 사다 놓고 다 읽어 보았는데 고민만 하다가 책을 덮었던 기억이 난다. 하도 책을 읽어 보았더니 줄줄이 외울 정도가 되었다. 그러다가 어느 쌀쌀한 늦가을에 이르러서는 막다른 골목의 끄트머리를 본 것 같아 손에서 내려놓았다.

전부 내 능력 부족인 것이다. 책이 문제겠는가 말이다. 나의 문해력 또는 이해력이 책의 수준을 따라잡지 못해서 그런 것으로 생각한 후에는 더는 읽어 보지 아니하고 여기저기서 모아 둔 『도덕경』 책들을 책장 저쪽 구석에 잘 모시게 되었다. 그리 모셔 두고서 다시 안 본 지가 꽤 되었던 것이다. 대만 사람 중에 남회근(1918~2012) 선생이 지은 저서 중에 『노자타설(老子他說, 노자 그분이 말씀하시다)』 이란 책이 있다. 장개석(1887~1975) 대만 총통이 남회근을 가리켜 자신의 정신적 스승이라고 말하기도 하였다는데 그 책이 상·하 두 권으로 그나마 접근하기가 나았다. 완전한 해설서로의 역할은 아니지만 접근 방향으로서는 나쁘지 않았다. 굳이 이런 이야기까지 하는 이유는 노자 역시 그 수준이 어마어마하다. 그분을 정식으로 뵙고 인사드리려면 『도덕경』에 완전히 통달하지 않으면 불가능해 보인다.

이처럼 수준이 높기 때문에 나 같은 인간의 입장에서 이해하려면 어떻게 받아들여야 할지 갈팡질팡하게 된다. 영안을 가진 나도 아직까지 책 내용 중 많은 부분을 이해하지 못하고 있다. 옛말에 이르길 노자의 『도덕경』을 완전히 암기하고 독경(讀經)을 하며 쉬지 않고 도를 3년간 닦으면 스스로 문리(文理)가 일어나 득도(得道, 오묘한 이치나 도를 깨달음)의 경지에 이르게 된다고 하였는데 아쉽게도 이렇게 해서 득도 했다는 사람을 나는 어디서 본 적도 들은 적도 없다.

노자의 성(姓)은 이(李), 이름은 이(耳), 자는 담(聃)으로 태상노군(太上老君)이라고도 한다. 우리가 흔히 알고 있듯이 '노자'의 『도덕경』이라고 부르는데 『도덕경(道德經)』의 저자이다. 노자는 주(周)나라가 쇠망해 가는 것을 보고는 석가여래 존자(尊者)를 만나기 위해 주나라를 떠나 천축국(지금의 인도)을 가기 위해 진(秦)으로 들어가는 길목인 함곡관(函谷關)에 이르게 된다. 이곳은 중국의 서쪽 변방 경계로 이곳을 통과하면 인도를 가기 위한 첫 걸음을 내딛는 것이다. 당시 관문(關門) 책임자인 수문관(守門官) 윤희(尹喜)가 노자가 올 것을 미리 알고 기다렸다가 노자에게 책을 하나 써 달라고 간청하게 된다. 이에 노자는 자기를 스승으로 모시고자 정성을 다하는 윤희를 위해 5000언(言)으로 이루어진 상편·하편의 저서를 남겨 윤희에게 주었는데 그것이 바로 『도덕경』인 것이다.

관묘(觀妙)

道可道非常道 (도가도비상도)
'도'를 도라고 말할 수 있다면 그것은 이미 도가 아니다
名可名非常名 (명가명비상명)
이름이 입으로 불려진다면 그 이름은 영원한 이름이 아닌 것이다
無名天地之始 (무명천지지시)
이름이 없는 그 상태가 천지 만물의 시작이요

『도덕경』의 맨 앞부분만 간단히 실어 보았다. 어렵지 않은가? 옛날엔 『도덕경』 해석과 관련하여 이런 말도 있었다. 『도덕경』을 해석하거나 주석할 사람이 노자 정도의 실력이 되지 않으면 시도조차 하지 말라고 말이다. 태상노군 노자의 깊은 뜻을 잘 알지도 못하면서 본인의 생각을 내놓으면 오히려 본질을 흐리게 하여 많은 사람들에게 혼란을 일으킬 것이라는 것이다.

노자의 생애는 아직도 많은 부분이 알려져 있지 않다. 사마천(司馬遷, BC145~BC86)은 사기(史記)에서 노자를 가리켜 '은군자(隱君子)'라고 하였다. 숨어 지내는 군자라는 뜻이다. 그걸로 봐서는 사마천조차도 그에 대해 확실히 알지 못했다고 생각된다.

노자는 중국의 춘추 말기에 활동한 인물로 공자보다 나이가 많다. 그리고 노자는 노자 이전의 역사, 문화, 제도에 대한 지식이 깊다고 알려져 공자가 노자를 방문해 인의(仁義)에 대해 묻기도 하였다. 노

자를 태상노군(太上老君)이라고도 하는데 이는 노자(老子)를 신격화한 것이다. 지금도 중국에서는 노자를 도교의 시조로 추앙(推仰)하고 있다고 한다.

노자가 태상노군이 된 것은 6세기경부터로 당나라 때에는 당 황실의 성 이(李)씨와 노자의 성이 같은 이(李)라는 점에서 당 황실의 조상으로도 숭앙되었으며 그리하여 절대적인 지위를 확보하게 된다. 특히 당 태종 이세민이 노자를 자기의 조상으로 여기는 데 큰 힘을 실어 주었다.

『도덕경』에 관련된 이야기를 조금 더 하려고 한다. 그러기 위해서는 윤희(尹喜)라는 사람에 대해서도 어느 정도는 알았으면 한다.

윤희, 그는 남자인데 어린 시절에 대한 자세한 기록은 없으나, 그의 모친이 그를 낳기 전에 꿈을 꾸었는데 마당에서 용이 승천하는 것을 보게 되었다고 한다. 그래서 마당에 나가서 용이 승천한 자리를 보니 연꽃이 아름답게 피어 있는 것을 발견하게 된다. 모친은 상서롭지 않은 꿈을 꾸게 되자 항상 몸가짐을 조심하였다. 윤희는 어려서부터 신동(神童)으로 사람들에게 알려졌다. 그는 자라나면서 고전(古典) 읽기를 아주 좋아하였으며 천문(天文)과 길흉화복에 대한 예언서도 두루두루 공부하였다. 그리하여 성년이 되어 가자 천문을 보고 지리를 살펴서 통하지 않는 것이 없게 되었다고 한다. 윤희는 때가 되자 벼슬길로 나아갔다. 윤희는 주(周)나라 궁궐에서 관리로 근무하면서도 집에서는 정신 수양을 게을리하지 않고 수도를 계속 이어갔다. 그러던 어느 날 천문을 보고 있던 윤희는 푸른 별이 오랫동안 동쪽에서 서쪽으로 길게 흘러가는 것을 목격하게 된다. 그리하여 그 원인을 알아내기 위해서 별자리를 오랫동안 관찰하게 되었는바 어떤 성인(聖人)이 동쪽에서 서쪽으로 가고 있다는 의미를 알게 되었다.

함곡관은 중국의 서쪽 경계인데 그 성인이 분명 함곡관을 넘어서 갈 것을 정확히 맞춘 것이었다. 그는 성인이 함곡관을 향해 올 것은 분명한데 어느 때 올 것인가를 생각해 보았다. 대략 세 달 안으로 함곡관을 통과할 것이라고 여겨지자 자신이 모시던 주(周)나라 왕을 찾아가 뵙게 된다. 그리고는 함곡관 책임자로 보내 줄 것을 자청하였다. 주왕은 자신의 뛰어난 신하 윤희가 다들 꺼리는 변방 지역으로 간다고 하자 처음에는 이를 허락하지 않았다. 굳이 거기 가서 고생을 할 이유가 없었기 때문이다. 하지만 윤희의 거듭된 부탁을 거절하지 못하자 하는 수 없이 윤허를 내려 함곡관 책임관으로 임명하여 보내게 된다. 그를 보낼 때 왕은 따로 필요한 게 없는가를 물었는데 윤희는 관료 중에 손문이라는 사람이 있는데 같이 가고 싶다고 하였다. 주왕은 손문의 의사를 물어본 후 같이 갈 것을 또한 윤허하였다. 윤희는 주왕의 령(令)이 떨어지자마자 손문과 함께 부임지인 함곡관을 향해 출발하였다.

함곡관에 도착한 윤희는 전임 책임자와의 인수인계가 끝나자 성인을 맞을 준비를 시작했다. 그는 함곡관 앞 10리 길을 청소하고, 그가 직접 지정해 준 일정한 장소에 향을 사르도록 손문에게 명을 내렸다. 그리고 손문을 다시 불러서는 신신당부했다.

"그대는 관문을 잘 지키고 있다가 어느 기이한 복장을 하고 있거나 특이한 사람이 지나가게 되면 속히 내게 꼭 알려야 한다. 그분은 성인이니라. 임무에 실수가 없도록 꼭 신경 쓰도록 해라."

손문도 윤희의 뜻을 잘 알고 있었다. 그래서 그는 함곡관 10리 길을 늘 순찰하며 윤희의 명령에 어긋나지 않도록 항상 주위를 살폈다.

어느덧 함곡관에 온 지도 두 달이 지나 세 달째로 접어든 어느 날 손문이 병사들과 함께 함곡관을 지키고 있었는데 특이한 광경이 눈에 띄었다. 어느 백발노인이 푸른 소가 이끄는 수레에 앉아 함곡관을 통과하려고 천천히 지나가고 있었다. 손문은 이분이 윤희가 기다리던 성인이란 것을 직감하게 된다. 그래서 급히 수레를 향해 앞으로 달려 나갔다. 그리고는 수레를 세우면서 예를 올렸다.

"어른께 인사 올립니다. 저는 이곳 함곡관 수문령(守門領) 윤희의 명(命)으로 수레를 세우게 된 손문이라 하옵니다. 저희 수문령에게 보고를 해야 하오니 노인장께서는 불편하시더라도 조금만 기다려 주십시오."

그리고는 서둘러 윤희에게 보고를 하게 된다.

윤희가 그 말을 듣게 되자 "기다리던 보람이 있었구나!" 하고는 크게 감격하였다. 그는 곧바로 깨끗하고 하얀 관복(官服)으로 갈아입고는 말을 몰아 함곡관으로 향했다. 그런 후 백발노인을 보자 그 앞으로 다가가서 땅에 무릎을 꿇고 절하며 "인사 올립니다. 저는 이곳 책임자인 윤희라고 합니다. 이렇게 성인을 뵙게 되니 몸 둘 바를 모르겠습니다" 하고 예를 올렸다.

윤희를 지그시 바라보던 백발노인은 윤희의 공손한 인사를 받자 "성인(聖人)이라니 대체 그게 무슨 말이오? 나는 무슨 성인(聖人)인지 뭔지 그런 거 뭔지도 모르오! 단지 누추한 시골 노인네에 불과하오. 아마도 사람을 잘못 본 거 같습니다" 하고 말하자 윤희는 이 말에 깜짝 놀라며 "성인께서는 어찌 그리 말씀하십니까? 저는 성인(聖人)께서 동쪽에서 오셔서 이곳 함곡관을 통과하리라는 것을 이미 오래 전부터 알고 있었습니다. 성인께서는 먼 여행길에 많이 피로하실 것이오니 이곳에서 잠시 머물러 쉬시기를 바랄 뿐입니다" 하고는 고개를 크게 숙였다.

가만히 듣고 있던 백발노인이 수레에서 천천히 내리며 윤희에게 말했다.
"수문령께서는 사람을 잘못 본 게 맞습니다. 사실대로 말하겠소. 이곳 함곡관 너머 서방 천축국(天竺國, 인도)에 득도(得道)한 석가모니라는 사람이 있다는데 그가 세상 사람들을 잘 제도(濟度)한다는 이야기를 들었소. 그래서 함곡관을 넘어가 그가 설법한다는 도(道)를 들으려고 가는 중이오."

윤희가 그 말을 듣자 눈물을 흘리며

"천축의 석가모니라니요…."

"그렇소 지금 안 가면 또 언제 그를 만나 볼 수 있겠소?"

그러자 윤희는 여전히 무릎을 꿇은 채 다시 한번 고개를 깊이 숙이며 "성인께서는 그런 말씀 마십시오. 천리(天理)를 꿰뚫으신 분이 어찌 다른 사람의 법문을 들으러 가신단 말씀입니까?"라 하였다.

"…."

노자는 무릎을 꿇고 있는 윤희를 한참 바라보다가 다가가서는 일으켜 세우며 "어서 눈물을 거두시오. 그리고 그대는 내가 누구인지 어떻게 알았소?" 하고 말했다.

윤희가 일어서며 자기가 겪은 지금까지의 일을 노자에게 상세히 이야기해 주었다. 윤희의 말을 조용히 듣고 있던 노자는 윤희가 보통 사람이 아니란 걸 알게 된다. 윤희의 이야기가 다 끝나자 노자는 아무 말도 없이 서쪽 하늘을 물끄러미 쳐다보고 있다가 "그대는 하늘의 이치에 대해 많이 알고 있구나. 장차 공부를 더 많이 하면 득도를 할 수 있느니라" 하고 말하자 윤희는 크게 기뻐하며 성명 삼자를 묻게 되니 "나는 노담이라고 한다네"라 하였다. 그 말을 들은 윤희는 깜짝 놀랐다. 이 노인이 다른 사람이 아닌 바로 태상노군(太上老君) 노자였던 것이다.

윤희는 노자를 자기의 거처로 모시고 예를 다해 크게 대접했다. 그리고 노자에게 존경의 뜻으로 가르침을 청하며 노자를 스승으로 삼으려 했다. 이에 노자는 『도덕경(道德經)』을 한 권 써서 그에게 주게 된다. 『도덕경』은 이렇게 해서 탄생하게 된 것이다. 얼마 후에 노자가 함곡관을 떠나 천축국을 향해 가자 윤희는 눈물을 글썽이며 이별을 하게 되는데 노자가 사라져 보이지 않아도 계속 그곳을 바라보고 있었다.

노자가 윤희에게 『도덕경』을 전하고 떠나간 곳으로 알려진 곳은 현재 중국의 사천성 와옥산이란 곳이다. 와옥산은 한국의 백두산 2,744m와 비슷한 해발 2,830m로 사천성 내 최대의 국가삼림공원으로 지정되어 있다. 이곳은 사람들이 많이 다녀가는 곳이다. 또한 이곳을 한 번 찾은 관광객은 산의 매력에 흠뻑 빠져 돌아가기를 잊을 정도로 산수가 아름다운 신선의 산이다.

노자가 주나라에서 함곡관으로 떠나기 10여 년 전 어느 날, 공자는 노자를 찾아가 뵙게 되었는데 노자는 어지럽고 혼탁한 세상을 바꾸어 보려는 공자의 마음을 가상하게 여긴다. 하지만 노자는 공자에게 더 큰 세상을 보라고 말하여 준다. 다음의 노담은 노자를 뜻한다.

孔子見老聃而語仁義 (공자견노담이어인의)
공자가 노담(노자)을 뵙고 자신의 사상(思想)인 인의에 대해서 이야기하자

老聃曰 (노담왈)
노담(노자)이 말했다

夫播穅眯目 則天地四方易位矣 (부파강미목 즉천지사방이위의)
모름지기 겨자를 뿌렸는데 눈에 들어가게 되면 천지사방이 위치가 바뀌어 보이니 하늘, 땅, 사방의 위치를 혼동하게 되고

蚊虻噆膚 則通昔不寐矣 (문맹참부 즉통석불매의)
모기나 등에가 살갗을 물면 밤새도록 잠을 이루지 못합니다

夫仁義憯然乃憤吾心 亂莫大焉 (부인의참연 내분오심 난막대언)
무릇 인의라는 것은 잔인하여 우리의 마음을 심란하게 하니 그것(인의)의 어지러움이 겨자를 뿌렸을 경우나 모기나 등에에게 물렸을 때보다도 크게 됩니다

吾子使天下无失其朴 (오자사천하무실기박)
바라건대 선생(공자)께서는 천하 사람들로 하여금 그 소박함을 잃지 않게 하고

吾子亦放風而動 (오자역방풍이동)
선생 자신도 또한 바람 부는 대로 움직여서

總德而立矣 (총덕이립의)
더욱 큰 덕을 거느려 서도록 하는 것이 어떨까 합니다

又奚傑傑然揭仁義 (우해걸걸연게인의)
그런데 선생은 어찌하여 힘들게 인의를 하늘로 높이 쳐들고

若負建鼓而求亡子者邪 (약부건고이구망자자야)
큰북을 지고서는 죽은 아들을 찾는 듯하는 것입니까?

夫鵠不日浴而白 (부곡불일욕이백)
무릇 백조는 날마다 목욕하지 않아도 희고

烏不日黔而黑 (오불일검이흑)
까마귀는 날마다 검게 물들이지 않아도 검습니다

黑白之朴 不足以爲辯 (흑백지박 부족이위변)
검고 흰 것은 본래 바탕이나 모습이 그러할 뿐이므로 검다 희다 또는
검은 것은 안 좋고 흰 것은 좋다고 따질 것이 못 되며

名譽之觀 不足以爲廣 (명예지관 부족이위광)
명예의 모습을 꿰뚫어 그 바탕이나 본질을 알아본다면 결코 명예란 것을
자랑하거나 내세울 만한 것이 못 됩니다

- 『장자(외편)』, 제14편 천운(天運)

5. 저승사자(使者)의 등장

우리는 가끔 "저승사자는 뭐 하나 저런 놈 안 잡아가고…"라는 말을 들어볼 때가 있을 것이다. 나는 어느 일을 계기로 영안(靈眼)이 열리면서 새로운 세계를 알게 되었다. 그러한 세계를 차원세계(次元世界)라고 부르는데 우리가 죽은 후에 반드시 가야만 하는 곳이다. 사람이 사망 후엔 저승으로 가는데 시차(時差)가 있을 수 있어 늦게 가는 영혼도 있고 제시간에 맞춰 저승에 가는 영혼도 있겠지만 어떠한 영혼도 예외 없이 저승으로 반드시 가야 한다. 안 가면 저승사자가 가만 두질 않는다. 대자연의 법칙에 어긋나기 때문이다. 물론 특수한 영혼들도 있었다. 멀리 볼 것도 없이 조선시대만 하더라도 도술(道術)을 부릴 수 있는 사람들이 꽤 있었는데 죽은 후에도 도술을 저승으로 가지고 가는 바람에 도술을 지니고 있다가 저승사자에게 가끔 도술을 부려 보곤 하였다.

대개가 도를 닦은 사람들이라 죽은 후엔 이미 하늘나라에서 중책을 맡아 큰일을 할 영혼들이었지만 저승사자를 통해 본인의 실력을 한 번 슬쩍 행사해 보는 도인도사 영혼들도 있었고 저승사자의 도술 실력이 어떤가 궁금하기도 해서 살짝 생떼를 부리고 저승으로 안 가려는 척하기도 하였다. 하지만 아무리 그래도 소용없었다. 신장(神將) 중엔 수없이 많은 종류의 신장들이 존재하는데 그중의 저승사자도 신장 중의 한 명이다. 신장이란 귀신들 중 으뜸 되는 장군이나 장수 급에 해당되는 것을 말한다. 일반 사람들은 모르겠지만 저승사자는 도술을 아주 잘 부린다. 도술을 안 부려서 그렇기도 하고 영혼을 저승으로 데려가는데 요즘은 그나마 도 닦는 사람도 거의 없어서 저승사자가 도술 쓸 일도 거의 없어졌기 때문이기도 하다.

이 경우 도를 많이 닦아 그 경지가 상당한 지경에 이른 도인도사가 도술을 부릴 경우에는 저승사자도 쩔쩔매는 경우가 아주 가끔씩 있었다. 그래서 혹시나 해서 저승사자도 2~3명이서 함께 다니기도 한다. 최대한 실수를 줄이기 위해서이다. 물론 2~3명이서 다니는 경우는 이것 때문만이 아니고 여러 가지 이유가 있다. 그리고 저승사자는 수준이 높은 도인도사를 저승으로 안내하려고 굳이 지상계(地上界)로 내려오지 아니하는데 대다수의 도인도사들은 자신들이 죽은 후에 그의 영혼 스스로가 천상계를 잘 찾아서 올라가기 때문이었다.

김지현은 한국에서 여성 기자(記者)로 활동하고 있었다. 그녀는 캐나다에서 예술 고등학교를 나왔고, 역시 캐나다에 있는 대학에서는 경제학을 전공하였다고 한다. 그리고 다시 중국북경으로 가서 그곳에서도 대학을 나왔는데 금융학을 전공했다고 들었다. 그런데 어느 날인가 그녀가 갑자기 유명(幽明)을 달리하게 되었다. 건강하던 그녀가 느닷없이 사망한 것이다. 키우던 흰 고양이 한 마리, 검은 고양이 한 마리를 남겨둔 채 말이다. 한편 그날따라 유난히 부지런한 저승사자는 이미 중천계를 출발해서 김지현 주변에 와서 미리 대기하고 있었다. 김지현이 죽게 되자 그녀가 저승사자에게 자기 저승 가기 싫다며 도술을 부린다고 그게 먹히겠는가? 자신이 갖고 있지도 않는 도력(道力)을 말이다. 이처럼 일반인들이 죽게 되면 일평생 도 닦을 여유조차, 도술을 익힐 기회조차 없었으므로 저승사자는 도술을 사용하지 않는 것이다. 저승사자 입장에선 세상 참 좋아졌다고 여길 것이다.

옛날에 삼천갑자(三千甲子) 동방삭을 찾으려고 저승사자들이 여러 명 동원된 사건이 있었고 시간은 많이 흘렀지만 결국 동방삭은 저승사자에게 붙잡혀서 저승으로 향했다. 동방삭의 경우에는 그의 법술(法術)이 저승사자보다 못하므로 아무리 도술을 부려도 저승사자의 더 큰 도술에 번번이 무너지고 만 것이었다.

6. 죽은 사람이 살아 돌아오다

저승사자가 실수하는 경우가 있다는 말을 들어본 적이 있는가? 옛날 사람들은 그런 얘기 많이 듣고 자랐다. 저승사자가 착오로 인해 저승 명부(名簿)에 있는 사람의 영혼이 아닌 다른 사람의 영혼을 저승으로 데려가는 경우가 있었다. 엉뚱한 사람을 저승으로 데리고 가는 것이다. 우리의 생각과는 달리 차원세계에도 실수를 많이 한다. 이때 생뚱맞게 저승으로 간 영혼은 저승부에 대해 어떠한 방법으로 대처해야 할까? 그때는 나름대로 전략이 필요하다.

매주 토요일 저녁이 되면 로또를 사려는 사람이나 이미 구입한 사람들을 설레게 하는 프로그램이 다가온다. 편의점에서 생긴 긴 줄이 꼬리를 물고 50명이 넘어선 것도 보았다. 세상에는 다양하고 믿기지 않는 일이 수없이 많이 일어난다. 로또 역시 그 범주에 포함된다고 한다면 그리고 로또를 인생 역전인 줄로 아는데 그것 말고도 하나가 있게 된다. 거기에 해당이 된다면 로또보다 훨씬 나으리라 생각한다.

저승사자가 김지현을 데리고 저승에 도착한 후 자신의 임무가 종료되었음을 확인하려면 여러 절차가 기다리고 있다. 바로 저승의 심판관 염라대왕을 만나고 데리고 온 영혼의 신원을 확인하는 과정이다. 여기까지가 저승사자가 할 일이다. 그런데 염라대왕과 김지현이 오가는 인정 신문 과정에서 뜻밖의 일이 벌어졌다. 원래 저승 명부에 있는 45살 김지현(金智賢)을 데리고 와야 하는데 45살 김지현(金知賢)을 데리고 온 것이다. 가운데 이름 한자(漢子)가 살짝 다른 데다 하필 체형, 얼굴 형태, 거주지, 직업군 등 여러 가지가 비슷해서 저승사자가 아차 하고 착각을 한 것이다. 이때는 저승부에 난리가 난다. 하지만 염라대왕은 식은땀을 흘리면서도 자신의 위신(威信)이 있는지라 마치 아무렇지도 않은 듯이 침착하게, 대수롭지 않다는 듯이 일을 처리해 나간다. 지금 이를 아는 이는 염라대왕과 저승사자뿐이니까.

김지현이 염라대왕을 마주 대하면서 영혼이 태어나서 죽을 때까지 어떻게 살아왔는지 그 모든 것을 공개해야 하는 과정도 남아 있다. 이는 저승에 오는 모든 영혼은 반드시 거쳐야 하는 과정이다. 문제는 이처럼 저승사자가 데려온 영혼이 해당 당사자가 아닌 경우에 어떻게 처리할 것인가이다. 한국의 경우는 사람이 죽으면 보통 3일장을 치른다. 물론 5일장 이라든가 7일장도 치르곤 하는데 그건 조선시대에 일부 양반집에서 가끔씩 행해져 온 것이고 일반적으로 조선시대에도 3일장이 주(主)를 이루었다.

그래서 이승에 남아 있는 가족들은 망자(亡者)를 위해 3일 동안 장례를 치르게 된다. 우리가 살고 있는 이승은 시간과 공간 개념이 존재한다. 그렇다면 저승은 어떠할까? 사람들은 이승과 달리 저승에는 시간과 공간 개념이 존재하지 않는다고 말하기도 하지만 정확한 표현은 아니다. 존재하긴 하는데 아주 굉장히 특수한 경우의 시간 공간 개념인 것이다. 사람들은 이것을 이해할 수도 없고 아는 사람 또한 어떻게 표현해야 할지 상당히 난감하다. 불립문자라고 해야 할까. 아마 그런 것에 속하는 것이 아닌가 한다. 나 역시 그 이상은 설명이 불가능하다. 굳이 이해 차원이라면 시간과 공간 개념이 존재하지 않는다고 말해도 크게 무리는 없을 듯하다.

사람이 사망한 계절이 여름이라면 시체가 부패하는 속도가 가을이나 겨울보다 빠르다. 그래서 때로는 계절에 따라 가을엔 5일장을 겨울엔 7일장을 하는 경우도 있었다. 조상들은 이런 일을 미리 염두에 놓았던 것이다. 살아서 돌아오는 경우 말이다. 3일, 5일, 7일은 죽은 사람이 살아 돌아올 수도 있으니까 혹시나 해서 안배를 해 놓은 것이고 멀리서 사는 형제자매 친척들이 모이는 시간이 필요하기도 해서 그렇게 며칠간을 기다려 보는 것이다.

조선시대는 지금과 달리 영안이 열려서 차원세계를 보는 사람이 많았다. 계룡산, 지리산, 금강산, 태백산 등에서 도를 닦는 사람이 상당히 있었던 것이다. 지금 사람들이 몰라서 그런 것이지 조선시대엔 그랬다. 그 사람들 중 영안이 열린 사람들이 있어 차원세계가 어떻게 돌아가는지 그래서 이승에서는 어떻게 장례를 치러야 하는지를 내다본 것이었다. 그래서 사람이 죽으면 새끼줄로 꽁꽁 묶어 놓으면 안 된다. 입으로 말을 못 하도록 테이프 등을 이용해 붙여서도 안 되는 이유가 그것이다. 그리고 나서 병풍 뒤에 시신을 놓았고 3일이 지나고 또는 5일, 7일이 지나고 나서야 매장하거나 가끔은 화장하였던 것이다. 이승과 저승의 무언(無言)의 약속인 것이라 할 수 있겠다.

한편 염라대왕은 저승으로 잘못 온 김지현을 속히 이승으로 돌려보내야만 한다. 만일 늦게 되어 이승에서 이미 시신(屍身)을 화장했다면 이 실수는 정말이지 염라대왕과 저승사자뿐 아니라 염라국 전체가 돌아올 수 없는 길을 건너게 된 것이다. 이렇게 사람을 잘못 데려온 경우는 조선시대에 자주 있었다.

이럴 때는 어떻게 대처해야 할까? 저승부에서는 잘못 데려온 김지현에게 어떠한 조건을 제시한다. 우선 자기들이 실수했다는 것을 강조하기보다는 다시 돌아가야 한다고 힘주어 말해 준다. 그리고 그 대가로 주로 수명 연장(壽命 延長)을 약속해 준다. 원래 저승 명부에는 김지현이 75세로 삶을 마감하고 저승으로 돌아와야 하지만 수명을 20년 더 추가해 주어 보상을 하여 준다.

하지만 잘못 온 대다수의 영혼들이 저승의 일방적인 처사에 거의 그대로 따르곤 했으나 원래 수명이 90이 넘거나 한다면 문제는 또 달라진다. 만약 나이 90을 먹고서 저승사자의 착각으로 다른 이를 데려왔다면 이 사람은 저승부에서 수명을 20년 얹어서 주게 된다. 그러면 110살이 된다.

무슨 신선도 아니고 대다수의 조선 백성들은 헐벗고 굶주리며 게다가 의학 지식도 부족한 시대라 늘 질병에 시달리고 살았다. 그런 조선시대에 태어나 새끼 꼬아서 근근이 먹고사는 사람이라면 차라리 염라대왕의 제안을 거절해 버릴지도 모른다. 그렇다고 안 돌려보낼 수는 없고 말이다. 충분히 문제가 되었다.

조선시대 평균 수명이 아무리 길어야 40살이니 말이다. 우선 일반 백성들의 수명이 아니라 왕의 수명을 살펴보면, 조선시대 왕 27명의 평균 수명은 46.1세라고 한다. 가장 장수한 조선시대 왕을 순서대로 보면 영조(82세), 태조(72세), 고종(66세), 광해군(66세), 정종(62세)이 뒤를 이었다. 광해군의 수명이 66세인 게 좀 의아스럽기는 하지만 어쨌든 회갑 잔치를 치른 왕은 20%도 안 되었다고 한다. 그렇다면 조선시대 백성들의 평균 수명은 얼마나 되었을까? 아무리 많아도 40세 미만으로 보는 것이 맞을 것이다. 왕은 좋은 대궐에 곤룡포를 입고 먹는 것도 잘 먹으며 의료진도 따로 있었으니 일반 백성들보다는 훨씬 나은 환경에서 살았던 것이다.

그래서 조선시대에는 회갑(回甲)을 못 넘기고 죽는 사람이 너무 많아서 회갑을 아주 의미 있게 보게 되었으며 회갑 잔치를 성대하게 치렀다. 하지만 그때와 달리 요즘은 회갑을 못 넘기는 사람이 거의 없기 때문에 칠순이나 팔순 잔치를 많이 한다. 현재 한국인의 평균 수명은 남성 78세, 여성 85세로 조선시대보다는 대략 40년을 더 많이 살고 하늘세계로 돌아가게 된다.

김지현의 경우를 살펴보자. 만약 지금 현시대에 이런 일을 당한다면 어떻게 하면 될까? 김지현은 저승부의 처리대로 따라가지 말아야 한다. 염라대왕이 자기들의 방법대로 김지현의 수명을 75세에서 95세로 해 줄 것인데 할 말 있느냐고 두세 번 물으며 확인하는 절차가 반드시 있게 된다.

그때를 기다려 이렇게 하면 된다.
"아이고 아이고!"
아주 서글피 우는 것이다. 그냥 우는 것이 아니다. 주저앉아서 대성통곡을 하면서 "이를 어쩐다요, 이를 어쩐다요" 하고 연기를 조금은 해야 한다. 그렇게 하면 피눈물도 없을 것 같고 따뜻한 성격과는 거리가 먼 염라대왕이 그 까닭을 물을 것이다.

"대왕님, 저의 삶이 이번 일로 해서 망가져 버렸고 정신적 충격을 받아 이승으로 돌아간 다음에도 살아도 살아갈 것 같지가 않습니다."

"무슨 말을 하려고 그러는 게냐."

"대왕님 저의 수명이 75세에서 95세로 20년이 늘어나 장수하며 삶을 마감하는 것도 좋겠지만 제가 지금 45살에 이 지경을 당했으니 저승부에 오기 전 죽어 가며 느꼈던 그 절망감과 고통스런 기억들을 평생 어떻게 이겨낼 것이며 여생(餘生) 50년을 또한 어떻게 살아가야 할지 너무 억울해서 울었습니다."

"따로 조처가 있을 것이다."

"뭔 조처 말입니까? 어찌하면 좋단 말입니까? 차라리 지옥불 속에 뛰어드는 편이 나을 듯합니다. 화탕 지옥이 있다고 들었는데 대체 어디에 있나요? 흑흑…."

"…."

이렇게 해 버리면 아무리 염라대왕이라도 할 말이 없어져 버린다.

"자비로운 염라대왕이시여, 무엇을 망설이시나이까? 지옥불을 가장 센 걸로 하여 지져 주세요…. 으흐흑…."

신들의 레벨이 높을수록 능력도 커지는 대신에 반대로 실수는 점점 줄어든다. 염라대왕도 저승사자와 마찬가지로 신장인데 신장 중에서도 고급(高級) 신장에 해당한다. 석가여래를 주변에서 조용히 호위하는 사천왕(四天王)들이 고급 신장들이다. 또한 예수를 주위에서 보호하는 대천사(大天使)들이 고급 신장들인데 사천왕이나 대천사들이 염라대왕과 서열이 비슷하다. 그러므로 염라대왕, 사천왕, 대천사는 정도의 차이는 조금 있겠지만 거의 비슷한 레벨의 소유자들이다.

염라대왕은 자신이 이 문제를 잘 처리하지 못한다면 그 역시 대가를 치러야 한다. 반드시.

만약 김지현이 이번 일로 해서 원한을 품는다면 지상계와 차원세계는 서로 연결되어 있으므로 차원세계에 대혼란을 가져오게 된다. 고급 신인 염라대왕보다 더 수준이 높은 최고급 신 입장에서는 이를 심각하게 받아들이게 된다. 김지현은 아무런 잘못도 없었는데 저승부의 실수이자 잘못된 처리로 김지현이 원한을 품게 된다니 말이다. 우리가 살고 있는 지상계는 모순과 부조리가 많이 존재한다. 하지만 차원세계에서는 신들의 수준이 점점 높아질수록 영혼은 가벼워지고 모순과 부조리는 줄어든다. 즉 신들의 서열이 높아질수록 영적 수준도 높은 것이라는 것이다.

상천계(上天界)는 석가여래, 예수, 노자, 옥황상제, 그 외의 최고급 신들이 있으며 지상계의 종교에서 말하는 천국들이 이곳에 존재한다. 상천계 아래 단계로 중천계(中天界)가 존재하는데 수많은 여러 가지 중에서 대표적인 것이 저승부를 들 수 있으며 저승부의 대표자로 염라대왕이 있다. 중천계 아래에는 하천계(下天界)가 존재하는데 이는 영혼들이 저승으로 가지 아니하거나 못 가고 헤매고 돌아다니는 곳이다. 구천(九天)을 떠돈다는 말을 들어본 적 있을 것이다. 이는 하천계를 말한 것이다. 하천계 아래 단계는 아니지만 구분을 지어야 하는 곳이 바로 지구별인 지상계이다. 이 외에 별도로 운용되는 곳이 여러 개 있는데 대표적인 것이 지옥(地獄)계를 들 수 있다. 이곳 지옥계는 영혼이 한 번 떨어지면 구원(救援)이 쉽지 않다. 나중에 따로 이야기할 시간이 있었으면 한다.

상황을 짐작한 염라대왕은 김지현에게 무엇을 더 해 주었으면 좋을지 바라는 바를 말해 보라 할 것이다. 이때를 놓치지 않고 하늘에서 기회를 주었다고 말하면 어떨까 한다. 살면서 전화위복(轉禍爲福)이란 말을 들어보았을 것이다. 바로 이때가 그때인 것이다. 두 번 다시 이런 기회는 안 올 것이다.

김지현은 울고불고 하다가 염라대왕의 말을 듣자 정색을 하면서 이렇게 말한다.
"대왕님, 제가 욕심이 있어 인간 수명 95살 전부 바라는 것이 아닙니다."
염라대왕은 얼굴색 하나 안 변하고 김지현을 바라보며 다음 말을 기다렸다.
"연약한 여자인 제가…. 무섭게 화장을 하고 검은 망토를 입었으며 시커먼 갓을 쓰고 있는…. 저기 서 있는…. 저를 데리고 온 저승사자가 지금도 너무 두렵습니다."
"그는 염라국의 신장(神將)으로서 맡은 바 임무를 수행하고 있느니라. 네가 관여할 문제가 아니다."
"대왕이시여, 잘 알겠습니다. 하지만 이승으로 돌아가서는 이런 일을 잊고 여생을 잘 마무리할 수 있도록 훌륭한 집과 금전(金錢)이 있었으면 합니다."

"…."

염라대왕은 아무 말도 없이 조용히 듣고 있었다.

"만일 그리 해 주신다면 평생 동안 대왕님의 덕을 칭송하겠습니다."

이때 이승 시간은 점점 흘러가서 3일장 중 대략 이틀째로 접어든다. 염라대왕은 빨리 결정해야 한다는 것을 잘 안다. 이승에서 시신이 부패하기 전에 말이다. 아니 이때쯤이면 곧 부패가 시작되냐 마냐 그러고 있는 상황이다.

잠시 침묵하던 염라대왕이 김지현에게 차분히 말하였다.

"내가 너에게 원래 95세를 약속했으니 그전에 저승으로 돌아오지 않도록 해 주마. 그리고 이승으로 돌아간 다음 얼마 후에 꿈을 꾸게 될 것이다. 그리하면 원하는 바를 얻게 될 것이야. 다만 이번 저승에서의 일은 모두 기억에서 없애도록 해야겠다. 그리할 수 있겠느냐?"

여기에서 김지현은 집 크기는 얼마이며 돈을 얼마나 줄 건지 그런 것들을 꼬치꼬치 묻지 말고, 곱게 3번 절을 하고 대왕의 덕을 칭송하며 마무리 지어야 한다. 인간 영혼의 원성(怨聲) 에너지가 더 높은 차원으로 올라가는 것과 반대로 염라대왕의 책임은 아래쪽을 향하여 더욱 무거워지기 때문에 김지현에게 충분히 만족할 만한 보상을 해 줄 것이기 때문이다.

그렇지만 이승으로 돌아오는 사람들에게는 대체로 금전적, 물질적 보상보다는 신통력을 갖게 되는 경우가 대다수이다. 조선시대에는 김지현의 경우처럼 돈과 저택을 주는 경우가 거의 없었다. 약도(藥道)가 들어와 사람들을 낫게 해 주는 실력을 갖추는 경우라든가, 도술을 부리는 경우, 미래를 예언하는 경우 등 아주 다양하고 여러 가지를 주어서 이승으로 돌려보냈다.

지금 연세가 많이 드신 분들 중엔 자기가 어렸을 때 죽었다 살아 돌아온 사람들이 많이 있었다고 들었을 것이다. 그렇게 살아 돌아와 눈을 뜬 사람들이 그 후로는 신통력을 갖게 되어 사람들의 이목을 끌었으며 어떤 이는 입으로 주문을 외면서 병자를 치유했다거나, 축지법을 쓴다거나, 또 어떤 이는 1945년 8월 15일에 광복이 찾아올 거라고 떠들고 돌아다녔으며 아니면 6.25 한국전쟁을 예언했다거나 하는 것을 들었을 것이다.

김지현의 경우처럼 저승부에서는 그러한 것들을 허락한 것이다. 아니 일부러 그렇게 하도록 내버려 두는 것일 수도 있었다. 사람들이 그러한 것을 보거나 이야기를 듣고는 깨닫게 하려고 말이다. 죽었던 사람들이 저승에 갔다 온 이야기를 주변에 이야기해도 전혀 안 믿는 경우가 있으므로 신통력을 주어 한번 보여 주게 하는 것이다. 저승부에서는 저승 광고를 직접 안 한다. 그것이 원칙이다. 저승의 존재를 아예 차단시켜 버린다. 너희들 알아서 해 보라는 것이다. 깨닫는 자는 도를 닦을 것이니 그 길을 찾아갈 것이지만 그렇지 않으면 계속 윤회의 수레바퀴를 돌고 돌게끔 만든다. 스스로 알아서 윤회를 끝내게끔 말이다.

그래도 한편으로는 측은한 생각이 들어서, 저승사자가 실수로 데려와서 저승으로 왔다 간 사람들을 최대한 활용하는 것이다. 그렇게 되면 저승 입장에서도 좋은 일 한 것이 되고 죽었다 살아난 사람들은 말 그대로 신이 나서 신통력을 부려 가며 저승 광고를 하게 되니 이득이 될 것이고 가장 중요한 것인 그 이야기를 듣는 사람들이 '아이고 무서워라. 저승사자랑 염라대왕이 진짜 있나 보다' 하고 매사 주의하고 선한 일은 못할지언정 악한 일을 웬만하면 안 하려고 하거나 꺼리게 된다. 오히려 저승부 입장에서는 자신들의 실수를 충분히 만회(挽回)할 아주 좋은 기회가 되는 것이다.

더구나 약도 등 신통력을 받아 온 사람이 사람들을 치료하면서 살다 보면 자신의 수준을 한 단계 발전시켜 나중엔 뭔가를 깨닫게 되고 그 일을 계기로 스스로가 수행 정진하게 된다면 이보다 더 좋은 일이 어디 있겠는가? 그런 것이다. 그래서 저승에 왔다고 해서 끝까지 실망하고 낙담해서는 안 되는 이유가 바로 그것이다.

그리고 만약 염라대왕 앞에서 김지현이 계속 욕심을 부린다면 한쪽 구석에서 고개를 살짝 숙이고 진행 상황을 묵묵히 듣고 있던 저승사자가 고개를 들어 검은 눈빛으로 김지현을 무섭게 노려보고 있는 것을 느끼게 될 것이며 저승사자가 훗날 가만 두지 않을 것임을 인지해야 할 것이다. 일이 굉장히 꼬일 수도 있다는 뜻이다. 그 점만 명심하면 된다. 그리고 원래는 잘못 데려온 영혼들의 저승에서 있었던 기억들을 잘 지우지 않는 편인데 김지현의 경우에는 수명 연장 이외에 특수한 혜택까지 받은 것이 있으므로 김지현이 저승부에서 염라대왕과 나눈 금전, 대저택 등 각종 혜택 관련 기억 등은 이승에서 그 말이 돌아다니면 저승에 위해(危害)가 될 수가 있으므로 김지현의 기억에서 지워 버려 차단시킨다.

김지현뿐만이 아니라 저승으로 왔다가 이승으로 돌아간 사람들의 저승에서의 기억을 모조리 지우는 게 낫지 않겠냐고 물을 수 있는데 그렇지 않다. 세상 사람들은 저승의 존재를 믿지 않으므로 일부러 저승에 다녀온 사람들의 기억을 없애지 않고 돌려보낸다. 그리하여 살아 돌아온 사람들로 하여금 저승세계가 실재(實在)하고 있다는 '알림이' 역할을 하도록 한다. 이쪽이 존재하면 저쪽도 존재한다는 그런 사실을 저승에선 스스로 드러내지 않는다. 저승이 존재하니까 이승에 있는 사람들은 어떻게 살 건지 생각해 보라고 한 번도 공표한 적이 없었다. 정말이지 나는 한 번도 저승부에서 저승의 존재라든가 저승의 입장을 이승으로 알렸다는 말을 들은 적이 없다. 다녀온 영혼들로 하여금 그 역할을 대신하도록 하는 것이다. 그러니 함부로 살지 말라고 말이다.

저승부의 실수를 잘 이용하지 못하는 사람들이 너무 많아 조금이라도 도움이 되었으면 하는 취지에서 말하여 보았다. 나는 이를 일컬어 필승법(必勝法, 반드시 이기는 방법)이라고 부른다.

살아 돌아온 김지현으로부터 몇 년 후 연락을 받았다. 경남 산청에 넓은 땅을 사서 대저택을 새로 짓고 살고 있으니 놀러 오라고 한 것이다. 다만 새로 집 지을 때 꽃과 나무들을 주변에 많이 심어 놨는데 요즘 특이한 꽃이 피었다고 하였다. 자기는 그 꽃을 심은 적이 없어서 잘 아는 무속인이 마침 겸사겸사 놀러 왔기에 그 꽃을 보여 주었더니 많이 놀랐다는 것이다. 꺼림칙해서 그러니 내려와서 좀 봐 달라는 내용이었다. 그것과는 별도로 저승에 다녀온 후로 재산을 상당히 모았다고 들었는데 저승에서 일어난 일들에 대해서는 기억을 못 하고 있는 듯했다. 그리고 나 역시 그녀가 말한 꽃들 관련해서는 별거 아닌 일로 생각하고 날을 잡아 한번 방문해 보았다.

김지현의 대저택에 도착하기 전에 멀리서 바라보니 집을 상당히 으리으리하게 지었는데 집터도 잘 잡은 걸로 보였고 부지도 꽤 넓었다. 그녀가 꽃이 핀 데로 서둘러 안내하여서 따라가 보았다. 예쁜 꽃밭에는 여러 종류의 꽃들이 보기 좋게 피어 있었다. 꽃 가꾸는 솜씨가 보통이 아니었다. 김지현이 손을 들어 한쪽 구석에 피어 있는 꽃들을 가리켰다. 나는 뚫어지게 쳐다보다가 조용히 다가가서 다시 한번 유심히 살펴보았다.

하지만 곧 '아…' 하고 탄식이 절로 흘러 나왔다. 그랬다. '저승꽃'이었다. 내가 계룡산에서 수행할 때 마하선사가 이승에 저승꽃이 있다고 말을 해줘서 "저승꽃이라…. 그런 꽃도 있나요? 저승꽃이 저승에 있지 않고 왜 이승에 있지?" 하며 바로 영안을 통해 본 적이 있어서 알고 있었다. 김지현의 꽃밭에 핀 꽃들 중 저승꽃도 보란 듯이 화사하게 핀 것을 보고 당황하고 있었는데 그 꽃에서 영적인 기운이 순간적으로 확 뿜어져 나왔다가 사라졌다. 저승사자의 섬뜩한 미소와 함께.

식은땀이 갑자기 죽 흘러 내렸다. '내가 오길 기다렸구나….' 그 꽃은 내가 이곳에 오도록 하기 위한 유인 역할을 한 것이었다.

7. 삼천갑자(三千甲子) 동방삭

1갑자(甲子)는 60년인데, 동방삭이 삼천갑자, 그러니까 1갑자 × 3,000년 = 180,000세가 된다, 나이가 18만 년을 산 사람이다.
중국은 한족(漢族)의 나라이다. 중국 대륙의 92%가 한족인데 문화에 대한 자긍심이 대단하고 한(漢)나라를 중화 민족을 대표하는 나라로 생각하고 있으며 특히 한의 최전성기인 한(漢) 무제(武帝) 시기를 수많은 중국 왕조 중에서 당나라의 당 태종 때를 포함해서 중국 문화의 꽃으로 비유하곤 한다.

때는 한 무제가 통치하던 시절이었다. 어느 날 무제는 천하에 공고를 내리길 널리 인재를 모집하니 뜻 있는 자는 자기와 함께하자는 취지의 방(榜)을 각 관현 게시판에 걸게 하였다. 그 소문을 들은 동방삭이 방의 내용을 직접 보기 위해 관현 밖에 게시된 방을 찾아가서는 찬찬히 살펴보게 된다. 그렇게 살펴본 동방삭은 며칠 후에 말들이 끄는 수레 위에다가 10,000여 개가 넘는 대나무 죽간을 싣고 무제를 만나러 갔다. 무제가 직접 동방삭이 죽간에 쓴 글들을 읽었는데 읽다 보니 죽간이 너무 많아 읽는 데만 두 달이 걸렸다고 한다.

하지만 무제는 10,000여 개가 넘는 죽간을 하나도 빠짐없이 다 읽어 보고는 크게 감탄했다. "보기 드문 인재로다. 당신은 분명 하늘나라 사람일지언정 땅의 사람은 아닐 것이다" 하고는 그에게 벼슬을 하사하게 된다. 죽간에 쓰여진 대로 동방삭은 천문, 지리에도 깊이 통달하고 있어 무제는 그를 중용하게 된 것이다. 무제의 안목도 대단한 것 같다. 동방삭이 하늘나라 사람이란 것을 어떻게 죽간을 읽어 보고 바로 알아보았을까? 아니면 단지 입으로 뱉어낸 말에 불과한 걸까?

한나라 전(前) 왕조시대에 진(秦)나라가 있었는데 진시황이 불사약을 구하지 못한 것에 대해 잘 알고 있던 무제는 자신은 진시황과 달리 못 할 바가 없다며 친히 제천 행사를 주재하게 된다. 이는 바로 하늘의 도움으로 불로장생하기를 원한 것이었다. 제천행사 당일에 무제는 천자(天子), 즉 하늘을 대신하여 천하를 다스리는 황제인 제가 이렇게 기도하고 축원하오니 하늘에서는 어리석은 저에게 비법을 내려 주소서 하며 도교의 법도에 맞춰 제(祭)를 열심히 올렸다.

이때 자신의 거처인 곤륜산에서 한 무제의 제사를 유심히 살펴보던 서왕모(西王母, 도교 신앙에서 여자 도인도사 중 최고급으로 남성 쪽 최고가 노자라면 여성 쪽은 서왕모가 된다)가 마침내 무제에게 신선을 보내 만나자고 한다. 크게 기뻐한 무제는 황궁으로 오는 서왕모를 누가 영접할 것인가를 놓고 어전 회의를 하였는바 동방삭이

자기가 서왕모를 영접할 것을 요청하였는데 무제는 이에 쾌히 승낙하게 된다.

때가 되어 서왕모가 수많은 하늘 대신(代神)과 신선들을 데리고 무제가 거처하는 황궁에 도착하였다. 서왕모는 한 무제에게 지극 융성 대접을 받았는데, 그때 갑자기 영접해 나왔던 동방삭을 가리키며 "저자는 내 천도복숭아를 세 번이나 훔쳐 먹은 동방삭이란 자요. 여기에 와 있었군요" 하고 무제에게 말한다.

동방삭은 하늘의 신선이었는데 인간세계로 내려와 한 무제의 신하가 되어 있었던 것이다. 분위기가 서서히 무르익자 한 무제는 서왕모에게 살짝 불로장생의 비법을 물었다. 그러자 서왕모는 무제를 쳐다보며 잠시 망설이다가 "그대는 전쟁을 좋아하기 때문에 불로장생할 수 있는 신선이 될 수가 없소. 그러나 이제부터라도 사람을 절대 죽이지 말고, 선도(仙道)를 열심히 수행하고 닦는다면 하늘 신선은 되지 못하더라도 땅의 신선은 될 수가 있을 것이오. 이렇게 대접을 융숭하게 받았으니 내가 반드시 도와드리겠소"라고 말했다. 하지만 한 무제는 그 말을 듣자 묵묵히 고개만 숙인 채 대답하지 아니하였다.

기원전 111년 마침내 한 무제는 번우에 도읍한 남월국(지금의 베트남)을 멸망시킨 후 한9군(漢9郡)을 설치하게 된다. 그런데 무제는 왜 고개를 숙인 채 묵묵부답하였을까? 서왕모를 만나기 전 무제는 베트남을 이미 정벌한 상태였고 고조선을 공격하는 중이었다. 그런 그에게 서왕모가 "전쟁을 하지 않는다면 땅의 신선이 될 수 있는 기회를 주겠다."고 하였지만 무제는 고개를 숙이고 아무런 답변도 하지 않았다. 무제는 베트남을 정벌해 가면서 기원전 112년부터는 고조선을 향해 침략을 단행하게 된다. 그리고 기원전 108년 왕검성을 함락시키고 고조선을 멸망시킨 후에는 낙랑, 임둔, 진번, 현도의 한4군을 설치하게 된다.

이처럼 무제는 베트남 정벌과 고조선 침략 전쟁을 착착 진행 중이었던 것이다. 그러니 서왕모의 말은 매우 일리가 있었다. 무제는 베트남, 고조선뿐만 아니라 그전부터 주변 여러 나라와 숱한 전쟁을 계속해 왔다. 대표적으로는 흉노와의 전쟁에서 승리하여 만리장성 저너머 내몽골 지역까지 한나라 영토로 편입시켰지만 이러한 무제 치하의 40년간의 전쟁으로 인해 당시 중국 인구가 4,000만 명이었는데 2,000만 명으로 반(半)이 줄어들었다고 한다.

많은 젊은 군인들이 죽어 나갔고 국가 재정도 휘청일 정도로 물적 자원을 심각하게 고갈시켰다. 그래서 한나라 병사들은 한 번 출정을 나가게 되면 두 명 중 한 명은 죽어서 돌아오게 된다고 슬퍼하며 한탄을 하였다. 또한 전쟁터로 자식을 보낸 부모들은 출정한 자식들을 매일 싸리문에 기대며 달을 보고 빌고 별을 보고 기도하며 제발 무사히 돌아오길 학수고대하였으니 서왕모(西王母)는 어머니 중 최고의 왕어머니로서 어머니 입장에서 보았을 때 자신도 마음이 아팠던 것이다. 그래서 무제에게 이젠 전쟁을 그만두도록 하기 위해서 그런 말을 한 것인데 무제는 보는 바와 같이 고개를 숙이고 아무런 대답도 하지 않았다.

무제는 고조선을 정벌하기 시작하였지만 고조선의 끈질긴 저항으로 전쟁은 4년이 돼서야 끝나게 된다. 무제가 고조선에 한 4군을 설치한 이후 시간이 흘러 한4군 중 마지막 남은 낙랑이 고구려 미천왕에 의해 축출(逐出)될 때까지 한4군은 약 420년에 걸쳐 한반도(한반도가 아니라는 이설(異說)이 있음)에 존속하게 된다.

하지만 베트남의 경우는 한국의 경우와 달리 중국의 지배를 계속 받게 되어 기원전 111년에 한9군이 설치된 이후 서기 938년에 가서야 중국의 지배에서 일단 독립하여 벗어나게 된다. 거의 1,000년 이상 중국과 항쟁을 벌인 것이다. 베트남의 역사는 끊임없는 외세의 침략 역사이기도 하다. 천 년간 중국의 지배 아래 모진 수탈과 고통을 겪어야 했으니 베트남 백성들은 얼마나 힘들었을까? 그 첫발은 한 무제로부터 시작되었다.

결국 무제는 불사약은 구하지 못하였고 연회(宴會) 자리에서 동방삭이 하늘나라 신선인 것만 밝혀지게 된다.

동방삭의 일화에 저승사자가 나온다. 서왕모의 천도복숭아를 세 번이나 훔쳐 먹은 동방삭은 18만 년을 살게 되는데 이제 18만 년이 거의 끝나가자 염라대왕의 눈을 피해 여기저기 숨어 살고 있었다. 그래서 동방삭을 찾지 못한 염라대왕은 동방삭과 마찬가지로 저승사자들을 여기저기로 보내어 잡아오게 한다. 그런 어느 날 동방삭이 호기심이 많다는 것에 착안한 어느 저승사자가 꾀를 내게 된다. 저승사자는 나무꾼으로 변장하고 탄천이란 냇가에 가서 검은 숯을 물에 빠는 것을 수년 동안 계속적으로 하고 있었다.

그런 어느 날 누군가 숯을 물에 하얗게 빨고 있다는 소문을 듣고는 언젠가부터 멀리 숨어서 그 행위를 지켜보던 사람이 있었다. 그렇게 아주 오랫동안 지켜보던 노인이 주위를 둘러보다가 안심하고 나무꾼에게 다가오며 "내 계속 지켜보았소만 그대는 나무꾼 같은데 어째서 숯을 그렇게 열심히 빨아 대고 있는 것이오?" 하고 묻는다. 저승사자가 "검은 숯을 빨게 되면 하얗게 된다고 해서 그렇게 하고 있소이다" 하며 노인을 정면으로 바라보며 영안으로 살펴보니 그가 바로 동방삭이란 걸 알아낸다.

하지만 나무꾼으로 변장한 것이 저승사자임을 미처 살펴보지 못한 동방삭이 "내가 삼천갑자를 살았는데, 숯을 물에 빤다는 이야기는 생전 처음 들었소" 하며 껄껄껄 웃을 때였다. 갑자기 하늘이 번쩍, 천둥이 번쩍하는 듯하더니 "네가 바로 동방삭이로구나" 하고 저승사자가 씨익 웃으며 법망(法網)을 하늘 위로 좌악 펼치니 동방삭이 놀라 자빠진다. 하지만 그는 천하의 동방삭이 아니었던가? 순간 정신을 바짝 차리고 축지법을 구사하며 저승사자의 반대편 방향으로 '쭉-' 빠져나갔다. 대단히 빠른 축지법이었다. 그러나 법망은 축지법을 비웃기라도 하듯이 축지법보다 더 빠르게 동방삭을 쫓아오는가 싶더니 찰나의 순간에 '좌라락' 소리를 내며 동방삭을 덮침과 동시에 빈틈없이 바짝 조여서는 땅바닥에 내동댕이쳐 버렸다.

법망을 피해 달아나려고 하다가 결국은 피하지 못하고 사로잡혀 버린 것이다. 그리고는 저승으로 끌려가고 말았다. 이처럼 저승사자를 피해 갈 수 있는 자는 단 한 사람도 없다는 것은 어느 누구나 잘 알 것이다. 몇몇 도인도사, 삿갓도사가 문제긴 하지만….

옛날 텔레비전 코미디 프로 중에 '삼천갑자 동방삭'이 들어간 것이 있었다. "김수한무 거북이와 두루미 삼천갑자 동방삭 치치카포 사리사리센타 워리워리 세브리깡 무두셀라 구름이 허리케인에 담벼락 담벼락에 서생원 서생원에 고양이 고양이엔 바둑이 바둑이는 돌돌이"라는 것이다.

줄여서 '김수한무'라고도 불렀다는데 내 기억엔 '거북이와 두루미'로 기억에 남는다. 만년(晚年)에 늦게나마 아이를 본 대감님이 아들의 장수(長壽)를 기원하는 이름을 지으려고 유명한 점쟁이를 찾아가게 된다. 그런데 그 점쟁이가 대감의 말을 듣고는 장수와 관련된 것들을 이름에 갖다 붙이게 되는데 이러다 보니 이름이 상당히 길어지게 되었다고 한다.

    김수한무: 金壽限無, 김은 성(姓)이고 수한무는 수명에 한계가 없다는 뜻이다
    거북이와 두루미: 장수한다는 동물로 십장생(十長生)에 해당된다
    삼천갑자 동방삭: 저승사자의 법망에 잡혀간 동방삭

개똥밭에 굴러도 저승보다는 이승이 좋다고 하더니 오래 살려는 사람의 본성은 어찌할 수가 없는 것인가 보다.

8. 시계(時計)와
대우주(大宇宙)

예전에는 산(山)뿐만이 아니라 사막에서도 수행을 하는 사람들이 있었다. 고독한 사막에 있다 보면 경외심(敬畏心, 공경하고 두려워하는 마음)이 저절로 생기게 된다. 유럽에서 몇몇 수사(修士, 수도원에서 수도하는 사람)들은 이 길을 걸었고 이곳에서 목숨을 걸고 수행을 하고 기도(祈禱)를 하였다. 그런 어느 날 수사가 사막을 걷다가 시계 하나를 우연(偶然)히 발견하였다. 손에 들고 뭔가 하고 자세히 살펴보았다. 그 물건은 아주 정교하고 복잡하였으며 수사가 평생 동안 한 번도 본 적이 없는 물건이었다. 그것을 사막에서 우연히 발견은 했지만 그것이 우연히 만들어지고 우연히 생겨난 것이라고 생각할 사람은 아마 없을 것이다. 정교한 시계는 어느 누군지는 모르지만 지성을 가진 위대한 존재에 의해서 설계되고 만들어진 것이라고 밖에 말할 수 없을 것이다. 그런데 대자연, 대우주는 이 시계와는 비교도 되지 않을 만큼 대단히 정교하고도 복잡하다. 그렇지 않은가? 대자연의 일부인 인간만 하더라도 소우주라고 말하는 사람도 있다.

그러므로 이러한 것과 비교해 본다면 대자연, 대우주가 우연히 발생했다고 생각하기는 어렵다고 본다. 정교한 시계와 마찬가지로 누군가 지적(知的)인 존재에 의해서 대자연, 대우주가 설계되었다고 보는 것이 타당하다고 본다.

나는 이런 생각을 가지고 다른 사람들은 이에 대해 어떻게 생각할까 궁금해서 여러 사람들을 대상으로 '시계와 대우주'라는 주제를 가지고 설문조사를 해 보았다. 조사의 신빙성 확보를 위해 다양한 계층을 대상으로 해야 하니 첫 번째 대상으로 삼은 곳이 시골 마을이었다. 마을 한 군데를 택해서 마을 사람들을 대상으로 질문을 던졌다. 참고로 마을은 70세 이상 노인들이 아주 많았다.

'시계를 완전 분해한 다음 분해된 부품들을 하나의 통에 집어넣고는 수십억 년을 쉬지 않고 이리 저리 돌리면 수많은 시계 부품들이 제자리를 찾아 조립이 되어서는 시계가 완성이 될 수 있는가?'이다. 참으로 유치하고 한심한 질문이었지만 결과를 보고 나서 나는 할 말을 잃고 말았다. '모두 조립이 될 것이다'라고 답한 비율이 90%에 육박했다. 이것을 어떻게 받아들여야 할지 고민하기 시작했다. 약속한 대로 마을 사람들에게 푸짐한 '상다리' 뷔페 식사와 '내 고향' 막걸리를 대접한 후 자리를 떠났다. 정말이지 내가 인생을 잘못 살고 있나 다시 한번 뒤를 돌아볼 정도였다.

그렇게 얼마간 시간이 흘러서 다시 기운을 낸 후 사람들이 많이 모이는 버스터미널과 기차역 주변으로 갔다. 이번엔 좀 더 많은 사람들을 대상으로 똑같은 질문을 던져 주고 어떻게 답하는가를 침을 삼키며 기다려 보았다. 다만 시골 마을보다는 훨씬 젊은 사람들을 대상으로 질문을 던졌다. 버스터미널과 기차역 모두 결과가 나왔다. 대략 70% 정도가 수십억 년이라면 시계가 조립 가능하다는 답변을 했다. 두세 번에 걸친 설문지 테스트 결과 나의 예측이 완전히 빗나간 것을 확인하자 더 이상 하고 싶지 않았다. 한 번 더 해 보고 싶었는데 또다시 '수십억 년이면 조립이 되어 시계가 완성된다'고 답변이 나온다면 그땐 내가 별천지에 살고 있고 이상한 사람이 확실하다는 확인을 시켜 주는 장(場)이 될 거라고 여겨져 고심 끝에 그만두었다.

수십억 년이라면 시계가 조립 가능할까? 여러분은 과연 어떻게 생각하는지 궁금하다. 만약 흔들어서 조립이 가능하다면 지적인 설계자인 하느님의 존재에 대해 의심해 봐야 되지 않을까? 다른 한편으로는 빅뱅 폭발로 대우주가 시작되었으며 거기서 생명체가 우연히 나오기 시작하면서 진화를 거듭하게 되어 오늘날 사람이 탄생하게 된 것일까?

판단은 여러분이 해 보길 바란다.

9. 법신(法身)의 화현(化現)

성경, 불경, 도경(道經) 등을 읽다 보면 꿈인지 생시인지 책 속의 글자가 꿈틀꿈틀 움직이다가 나중에는 글자 하나하나가 똑같은 모습의 성현(聖賢)으로 나타나는 경우가 있다. 교회, 성당, 사찰, 도량 등 이런 종교 기관에 오랫동안 다니다 보면 신앙에 몰입을 하게 되고 차원세계에서는 이런 사람에게 여러 가지 형태로 특수한 경험을 하도록 하는 것이다. 그래서 글자에서 법신이 화(化)하는 것을 보게 된다. 대체로 신앙심이 깊고 올바르게 종교 생활하는 사람들이 가끔씩 경험하기도 한다. 이것이 뭔지 몰라 내게 와서 물어보는 경우가 있어 말씀드리는데 좋은 현상이다.

그렇지만 나쁜 경우도 있어 주의가 요구된다. 한마디로 귀신 들린 책이라고 볼 수 있는 서적이 있다. 그 책은 사람을 악하게 만들고 사악한 쪽으로 현혹시킬 수 있다. 그런 종류의 책은 악귀를 끌어들이는 일을 하게 된다. 왜 그럴까? 책 자체에 안 좋은 기운이 쌓여 있는 경우이다. 평생 나쁜 짓만 하다가 죽은 자가 보던 책이라든가, 책의 내용이 악귀를 부르는 책들 말이다. 전자의 경우는 나쁜 자의 에너지가 서려 있어서이고 후자의 경우는 주로 밀서(密書)로 유통되고 있어 일반인들이 잘 볼 수 없는 책들이다. 이러한 밀서 또는 비법서들은 대개가 귀신을 부리는 방법이라거나 다른 사람을 어떻게 저주하는가를 주(主) 내용으로 하는 것들이 대부분이다. 책 자체에는 귀신이 들어 있지 않으나 그 책에 서려 있던 내용상 기운이 책을 읽는 사람과 감응(感應)하게 되고 이 감응이 주파수(周波數)를 일으키게 되면 영적인 세계 또는 차원세계에 있던 귀신을 책 속으로 들어오도록 안내자 역할을 하는 것이다. 그때도 역시 글자들이 성현들의 예를 든 것처럼 꿈틀꿈틀거리기 시작하다가 입체적으로 움직이기 시작한다. 형태는 여러 가지이다. 가짜 성현의 모습을 하는 경우가 있고 원래 귀신 그 자체의 모습을 보여 주기도 하는데 어떠한 경우든지 이런 것들과 접신(接神)을 하게 되면 사람이 제정신이 아니게 된다. 빙의(憑依, 영혼이 다른 사람의 몸에 옮겨 붙는 현상)가 된 것이다. 이처럼 우리가 모르는 여러 가지 방법으로 접신을 하는 경우가 있다.

이처럼 빙의라고 하는 것도 있지만 이와 비슷한 것이 또 있는데 '귀신 들렸다'는 말을 들어본 사람도 있을 것이다. 빙의 현상이나 귀신 들렸다고 하는 것은 영혼 귀신이 사람의 몸속에 들어가는 것은 아니다. 영혼 귀신이 살아 있는 사람의 몸에 착 달라붙는 것으로서 무속인들이 주로 그런 사람을 대상으로 하여 굿을 하게 된다. 무속인 외에 전문 퇴마사들이 있기도 하는데 모두가 붙어 있는 것을 떼어 놓으려고 하는 것이다. 더 나아가 떼어 놓은 영혼 귀신을 천도제를 해서 하늘길로 보낸다고 하는데 떨어져 나온 후에 천도제 해 봐야 거의 안 간다. 그렇게 해서 보냈다고 하는 것을 나는 보지 못했다. 천도의 내면을 깊이 알지 못해서 그러한 것이다. 설사 가능하다고 해도 도력이 상당히 높아야 가능하다. 나 역시 영혼 귀신을 사람의 육신에서 분리시킬 수는 있지만 천도는 못 한다.

이 책 중반부에 등장하는 솥뚜껑 도인 정도 되어야 천도가 가능할 것이다. 명분이 있어야 하는 것이다. 솥뚜껑 도인은 하느님의 명을 받고 지상계에서 공적인 업무를 수행하고 있는 것이다. 두 개가 요건이다. 하느님의 명도 받아야 하고 공적인 업무를 수행한다는 행위가 있어야 하는데 그런 경우가 솥뚜껑 도인 등 몇 분 빼고는 있느냐 말이다. 내가 말한 것은 전부 사실이다. 그래서 아무나 천도를 하는 게 아니다. 천도를 한다는 승려나 퇴마사 이야기를 귀로 들으면 별로 믿고 싶지가 않다.

그리고 운이 좋아 천도에 성공했다고 치자. 그런데 영혼 귀신이 하늘로 올라가다가 다시 돌아오게 된다. 왜 그런가? 하늘문이 굳게 닫혀 있으니 갔다가 자기가 있던 곳으로 다시 돌아오는 것이다. 또한 하늘문을 어떻게 통과는 해 가고 있는데 하늘 수문장(守門將)한테 걸려서 쫓겨나게 된다. 신성한 이곳을 네놈이 뭔데 감히 살금살금 기어 들어오냐고 말이다. 엄청난 호통과 뇌성벽력이 떨어지게 된다.

하늘 수문장 역시 저승사자와 마찬가지로 신장 급이니 영혼 귀신 입장에서는 얼마나 무섭겠는가? 하늘 수문장은 어느 승려나 퇴마사가 영혼 귀신을 하늘로 올려 보낸 것을 본인이 직접 천리통(千里通)으로 알게 되지만 승려나 퇴마사의 천도 행위는 하늘의 명을 받은 자가 하는 것이 아닌 그들 개인이 의뢰자로부터 돈을 받고 행하는 아주 지극히 사적(私的)인 행위이지 전혀 공적인 것이 아닌 것을 알고는 영혼 귀신을 하늘문 근처에 얼씬도 못 하게 한다.

하늘 수문장에게 한 번 된통 당한 영혼 귀신은 두 번 다시 이곳에 안 오려고 한다. 습(習)이 영혼 귀신에 이미 배겨 버린 것이다. 영혼 귀신으로 하여금 하늘 수문장이 지키는 하늘문을 통과하게 할 자신이 있는 승려나 퇴마사가 있는가? 그렇다면 천도가 가능할 것이다. 관문을 통과하면 되니까 말이다. 하지만 영혼 귀신이 하늘 수문장에게 쫓겨난다면 어디로 가겠는가? 귀소본능이 있어서 원래 있던 굿을 했던 장소로 다시 돌아오고 만다. 결과적으로 본다면 천도는 실패한 것이다.

솥뚜껑 도인이 나중에 나와 헤어질 때 그는 20년 후에 자기가 세상에 나올 때가 있을 것이라고 살짝 언질을 해 주었다. 지금 하고 있는 자신의 임무가 그때쯤이면 거의 다 끝나갈 거라고 하면서 말이다. 나는 그분을 기다리고 있다.

접신 관련해서 다른 부분과 더 연관시켜 알아본다면, 신령님을 모시는 경기도 어느 무속인이 요즘 점사도 잘 안 맞고 고민도 많아서 서울 어느 무속인 점집에 점을 보러 가게 되었는데 그럼 어떤 일이 벌어질까? 경기도 무속인이 모시는 신령님과 서울 무속인이 모시는 장군 신장님이 각자의 무기인 산신령 지팡이와 장군의 무력(武力) 대(大)칼로 서로 자웅을 겨룬다거나, 반갑게 서로 인사를 나누거나, "헤이" 하면서 아는 체한다거나 또는 '우리 이것도 인연인데 우선 악수 한 번 할까요?'라고 생각할 수 있겠지만 전혀 그렇게 하지 않는다. 산신령이나 장군 신장 서로가 아무 말도 안 한다. 신령들끼리는 아무 말도 안 하고 관여하지도 않는다.

그리고 경기도 무속인은 서울 무속인 쪽의 무력 대칼을 차고 위엄 있게 서 있는 장군 신장의 모습을 순간적으로 볼 수는 있다. 마찬가지로 서울 무속인 입장에서는 경기도 무속인 쪽의 허연 수염의 산신령이 지팡이를 짚고 있는 것을 잠깐 볼 수가 있다. 하지만 계속 볼 수 있는 것도 아니다. 산신령이나 장군 신장이 일부러 못 보게 할 수도 있기 때문이다. 이때는 상황이 하나만 있는 것이 아니라 여러 가지가 있을 수도 있다.

다만 이런 경우는 있을 수 있다. 같은 집안에 있는 사람이 무속인이 되는 경우가 있을 수 있다. 할머니와 손녀가 무속인이 되는 경우에 같은 조상신이 신줄을 타고 내려온다면 한 조상이라서 조상신끼리 대화가 가능할 수도 있지만 그런 경우는 아주 드문 일이다. 만약 할머니에게 온 조상신보다 손녀에게 내려온 조상신이 더 높은 조상이라면 손녀가 할머니에게 반말하면서 야단을 칠 수도 있다. 그렇게 되면 다른 사람이 볼 때 싸가지 없다거나 버릇없는 손녀로 오인되어 보는 사람마다 혀를 찰 것이다. 있어서는 안 되는 불편한 상황이 연출될 수 있는 것이다.

사람들은 궁금할 것이다. 그런 것을 어떻게 아느냐고 말이다. 무속인들은 그런 것을 잘 모른다고 한다. 무속인은 신을 받아 신령님, 역대 어느 조상신, 장군님, 애기동자, 선재동자 등을 모시게 되어 곧바로 신과 통하게 되었지만 나는 그런 것 없이 다른 방법으로 여기저기 돌아다니면서 도를 닦고 고생을 하면서 영안을 얻게 된 것이다. 처음엔 계룡산에 들어가서 있다가 다시 중국 사천성의 아미산으로, 다음엔 몽골의 칭기즈칸 계곡 등등으로 이렇게 돌아다닌 것이다. 정과(正果)를 얻으려고 말이다. 이는 서로 길이 다르고 각자 하는 분야가 어느 정도 달라서 그런 것이다. 그렇지만 무속인과 겹치는 부분도 많이 있을 것이다.

무속인은 신병을 앓느라, 그것을 피하느라 아주 숱한 고생을 한다. 신을 안 받으려고 별 방법을 다 쓰지만 신줄이 이미 뻗쳐 가며 타고 내려오기 시작하면 그 힘이 어마어마하여 지상에서는 어떻게 손 쓸 방법이 거의 없다. 하늘이 명을 내린 것이다. 그렇게 해서 다른 사람들이 없는 재주를 얻게 되었으니 그것을 잘 풀어서 살아가기 힘든 사람들을 도와주라고 하늘의 명을 받은 것이다. 그래서 나는 무속인들을 보살이라고 부른다. 보살(菩薩)이 무엇인가? 석가여래가 도력이 워낙 뛰어나니 그가 전면에 나서지 못하므로 보살이 부처를 대신하여 중생을 구제하라고 보낸 하늘나라의 대천사가 아니겠는가 말이다. 지상계에 있는 무속인이 바로 보살이라고 여기고 싶다.

그런데 하늘이 내려준 명을 어기고 악마보다도 못한 짓을 하는 무속인들 때문에 많은 피해자가 생겨나기도 한다. 그런 이야기가 나올 때마다 마음이 찢어지는 듯하다. 또한 한국인들은 다른 나라 사람들과 달리 신기(身氣)를 어느 정도 가지고 태어나게 된다. 서양 사람들은 신기가 뭔지조차도 모르고 하늘로부터 신줄이 뻗쳐 내려오는 경우도 거의 없다. 하지만 한국인은 영성민족이라 다른 민족과는 많이 다르다. 그래서 신의 도움을 얻어서라도 고민을 해결해 보기 위해 점집을 찾은 손님에게 신기가 있어 보인다면 그 신기를 눌러서 신의 제자 길로 가지 않도록 올바르게 잡아 줘야 하는데 오히려 신기가 조금만 있어도 신을 받도록 유도하는 경우가 아주 많다. 그 결과는 여러분도 잘 알 것이다. 누군가는 가지 말아야 할 길을 가고 있다는 것을 말이다.

법신체와는 다르지만 비슷한 범주로 포함시켜 볼 수 있는 경우가 있다. 어떤 사람이 어느 날 이상한 꿈을 꾸게 되었다. 그런데 아무리 생각해 보아도 이 꿈을 어떻게 해석해야 할지 몰라 고민을 하게 된다. 저승사자가 꿈에 나타나서 자기 집의 방문 앞을 가리키며 무슨 말을 하고 있는데 순간 너무 놀라 깨어 버린 것이다. 며칠 후 주막에서 친구들에게 이 꿈 이야기를 하게 되고 다들 듣고 나서는 누구도 해석을 못 하다가 어쨌든 저승사자가 이승에 왔으니 불길한 거 아니냐며 친구 중 한 사람이 큰 소리로 말하자 다들 그럴 것이라고 맞장구를 치고 있었다.

그때 바로 옆 식탁에서 조용히 탁주를 마시고 있던 삿갓 쓴 사람이 "결례를 지었습니다. 식사하다 보니 본의 아니게 꿈 이야기를 그만 듣고 말았네요. 제가 듣기에도 저승사자는 죽은 사람을 데리러 오는 자인데 어찌 좋은 꿈일 리 있겠습니까? 어떻습니까? 그 꿈을 제가 가져가고 싶은데 그리해도 되겠습니까?" 하고 덤덤히 묻는다. 다들 안 좋은 이야기를 하고 있으니 야 이거 잘됐구나 싶기도 하고 또한 일리도 있는 말이므로 "가져가려면 얼른 가져가시오. 거 돈 드는 것도 아니니…" 하고 좋아하며 꿈을 팔아 버렸다.

꿈을 파는 자와 사는 자가 서로 동의하였고 옆에 증인들도 있었으며 하늘이 알게 되고 땅도 알게 되었다. 이때는 꿈의 내용이 길(吉)하든 불길(不吉)하든 무엇이든 간에 파는 자는 이제 이 꿈의 영향권에서 사라지게 되고 꿈을 사게 된 사람이 직접적으로 꿈을 꾼 사람으로 대치가 된다.

매개체가 이렇게 이전되는 경우도 있을 수 있다. 그래서 꿈의 내용을 팔고 살 때는 굉장히 신중해야 하며 꿈의 내용을 무시하고 함부로 매매해서는 안 되는 것이 이와 같기 때문이다. 더구나 그 꿈의 내용이 로또 당첨을 알려주는 경우일 수도 있기 때문이다. 꿈도 나쁜 꿈, 좋은 꿈 등 여러 종류가 있을 수 있다는 것은 대다수의 사람들도 잘 알고 있다.

그리고 꿈에 저승사자가 온 것은 얼마 후에 너를 데리러 조용히 찾아올 것이니 놀라지 말 것이며 내가 너의 방문 앞에서 기다리겠다는 뜻으로 미리 선몽으로 친절하게 알려 준 것이다. 그리고 삿갓 쓴 사람은 그 꿈을 판 사람의 조상으로서 생전에 선행(善行)의 공덕(功德)을 쌓았고 도(道)를 많이 닦다가 차원세계로 돌아갔다. 그러다가 후손에게 미칠 화를 내다보고는 삿갓도사 스스로 저승사자를 상대하려고 지상으로 내려온 것이다. 나중에 시간이 되면 이야기하겠지만 삿갓도사의 후손은 억울한 사건에 휘말리게 되고 그것이 원인이 되어 죽음을 맞이하게 된다. (이 책은 『꼭 알아야 할 저승 가이드』이고, 언젠가 출간될 『저승사자와 삿갓도사의 대결』편에 이후 이야기가 실릴 예정이다.)

방향은 약간 다르지만 저승사자와 대결을 할 수밖에 없었던 삿갓도사의 심정을 이해하는 데 참고하면 좋은 것이 바로 '소강절과 그의 5대손 이야기'이다.

우선 '소강절과 그의 5대손 이야기'를 말하기 전에 『명심보감』을 살펴보고자 한다. 『명심보감』에는 공자, 강태공, 장자, 맹자 등 많은 인물들의 말씀이 등장한다. 그리고 『명심보감』에 등장하는 말씀들 중에는 공자가 가장 많은 부분을 차지하는데 그 부분을 제외하고는 소강절도 강태공, 장자 등 그분들 못지않게 큰 비중을 차지하고 있는 인물이다.

하지만 공자라든가 강태공, 장자 등은 우리가 어디서 많이 들어서 알겠는데 도대체 소강절이 누구인지 아는 사람은 그렇게 많지 않을 거 같다. 그래서 『명심보감』을 읽다 보면 그가 어떤 분이기에 자주 등장하게 될까 매우 궁금하게 생각하지만 『명심보감』에는 그에 대한 소개가 없는 경우가 대부분이다. 그러므로 왜 그의 말과 글이 『명심보감』에 자주 언급되는지 조금은 그 이유를 안다면 좋을 듯하다.

소강절(邵康節, 1011~1077)은 중국 송나라의 사상가이며 소옹(邵雍)이라고도 한다. 소강절은 젊은 시절 입신양명(立身揚名)하려고 과거에 뜻을 두게 된다. 그리하여 밤낮으로 책을 읽고 사색하며 밤을 지새우다 어느 봄날 아침 갑자기 탄식을 하였다. "옛날 사람들은 시간을 뛰어넘어 그 이전의 옛날 사람들과 소통을 하였는데, 나는 어찌하여 내 주위 사방(四方)에도 못 미치는 걸까…" 하고는 집을 떠나 여러 곳을 유랑하며 다니게 된다. 그리고 몇 년 후에 집으로 돌아와서는 "도(道)가 여기에 있다"고 말한 후, 밖으로 나가지 않았고 더 이상 과거 공부도 하지 않았다. 입신양명을 향한 꿈을 접고 관직에 나가지 않았던 것이다. 그 후 소강절은 나라에서 주는 벼슬도 여러 차례 마다하였으며 학자로서 평생을 마치게 된다.

소강절은 천지만물의 조화와 변화가 결국은 '인간의 마음'에서 비롯됨을 알았다고 한다. 그렇다면 '명심보감(明心寶鑑)'의 뜻은 무엇인가? '마음을 밝히는 보배로운 거울'이라는 의미로서 마음을 밝히는 책인 만큼 사람의 마음을 깊이 탐구했던 소강절의 말과 글이 『명심보감』에서 자주 언급되고 있는 것은 어찌 보면 매우 당연한 일이라고 하겠다. 그래서 '마음을 밝힌다'고 하는 '명심보감'의 원래 의미와 『명심보감』에서 등장하는 그의 말과 글을 접목하여 잘 이해한다면 그 가치와 의미를 좀 더 깊게 알아볼 수 있을 것이다.

소강절이 소문산에 거주하고 있을 때, 북해 사람 이지재(李之才)가 소강절이 학문을 좋아한다는 소문을 듣고 소강절의 집을 방문하여 교우하게 되었는데 소강절이 삼가 가르침을 청하자 이지재는 하도낙서(河圖洛書), 팔괘(八卦)와 64괘(卦)의 도상(圖象) 등을 소강절에게 전하였다. 그것을 깊이 공부한 소강절은 이때 도학(道學)의 이치를 깨닫게 된다. 이지재는 이미 소강절의 자질과 그릇됨을 꿰뚫어 보았던 것이다.

소강절은 이처럼 공부를 하느라고 당시로서는 늦은 20대 후반에 가서야 겨우 장가를 가게 되었다. 신부와 첫날밤을 치른 소강절은 새벽에 일찍 일어나 자신의 점을 쳐 보게 된다. 신혼 첫날에 그것도 하룻밤을 잤을 뿐인데 말이다. 하지만 소강절은 자신의 아이가 잉태되었을까 궁금했던 모양이다. 그리고 점을 치게 되었는데 아들이 생겼다는 걸 알게 되었다고 한다. 소강절은 거기서 멈추지 아니하고 자손들의 평생 운수를 점쳐 보게 되었는데 그런대로 괜찮은 인생을 살 것 같아 보였다. 이렇게 한 대(代) 한 대 점쳐 내려가다 보니 어느덧 5대손에 이르게 되었는데 5대손은 중년에 이르러 '역적 누명'을 쓰고 사형을 당할 수 있는 운명이라는 점괘(占卦)가 나왔던 것이다. 어느덧 세월은 흘러갔고 드디어 소강절도 임종(臨終)을 앞두게 되었다.

그는 죽기 전에 모든 가족을 모아 놓고 유언을 하게 되는데 맏며느리를 부르더니 비단으로 싼 함(函)을 하나 내어 주면서 이렇게 말을 하게 된다.
"장차 살아가다가 집안에 어떤 큰일이 생기거든 그때 이 보자기를 풀어 보거라. 그리고 너의 대(代)에 큰일이 생기지 않거든 그때는 너의 맏며느리에게 이 함을 물려주고, 그 맏며느리 대(代)에 또한 아무 일이 없다면 또 다음 대의 맏며느리에게 물려주고 하여, 대대로 이 '함'을 전하도록 하거라."

유언을 받은 맏며느리는 큰절을 하고 함을 높이 받아들었다. 세월이 흘러 어느덧 5대 손부에게까지 그 함이 전해져 내려왔다. 그런데 정말 큰일이 일어나고야 말았다. 그의 남편이 갑자기 역적 누명을 덮어쓰고 하옥되었던 것이다. 역적은 멸문지화(滅門之禍)를 당하여 3대를 멸할 것이 뻔하므로 집안이 아예 망해 버릴 위급한 순간이었다. 심한 충격에 쌓여 있던 소강절의 5대 손부는 밤새 끙끙 앓다가 새벽에 갑자기 시어머니의 유언이 생각났다. 그래서 급히 벽장문을 열고서는 함을 꺼내어 놓고 비단 보자기를 풀어 보았다. 함 뚜껑 위쪽에는 이렇게 글이 쓰여 있었다.
"지금 잠시도 지체하지 말고 이 함을 형조상서에게 전하거라."
손부는 급히 함을 가슴에 품고 형조상서를 찾아가게 된다.

이때 형조상서는 마침 의관을 차려 입고 입궐을 준비하던 참이었다. 그런데 소강절 댁에서 소강절 선생의 유품을 가지고 와서 뵙고자 청한다는 말을 듣자 비록 소강절이 100여 년 전에 작고했지만 워낙이 명망이 높은 대사상가이자 문장가이며 또한 대시인이고 더구나 주역(周易)에 완전 통달한 분의 유품을 앉아서 받는 것은 예의가 아니라고 생각했다.

그래서 형조상서는 마당까지 나아가 돗자리를 깔게 하고는 그 위에 올라가 한쪽 무릎을 꿇고서, 유품을 조심스럽게 받아 들게 된다. 그리고 형조상서가 유품을 받는 순간, 방금 자기가 있던 집이 통째로 폭삭 무너져 내리는 것을 보게 되었다. 깜짝 놀란 형조상서는 급히 함 뚜껑을 열어 보았다. 함 속에는 글자 10자가 쓰여진 하얀 창호지가 있었다. 그 창호지에 적힌 글은 놀랍게도 다음과 같았다.

    活汝壓樑死 (활여압량사)
    그대가 대들보에 깔려 죽었을 목숨을 내가 구해 주었으니

    救我五代孫 (구아오대손)
    나의 5대손을 구해 주시오

너무 놀란 형조상서는 소강절이 써 놓은 함속의 글씨를 바라보고 또 한 번은 무너진 집을 넋을 잃고 바라보았다. 그리고는 벌떡 일어나 서둘러 입궐하여서는 재수사를 하였는바 5대손의 무죄가 만천하에 밝혀지게 된다. 소강절은 자기 자손을 구하기 위해 5대 손자 대에 살아갈 모든 사람들의 점괘를 뽑아 보고, 대들보에 깔려 죽을 형조상서의 운수까지도 알아냈던 것이다. 게다가 무죄라니…. 소강절의 도움이 없었더라면 5대손은 꼼짝없이 억울하게 죽었을 것이다.

소강절 선생은 생전(生前)에 "此天地外別有天地卽己(이 천지 바깥에 또 다른 천지가 있으면 모르되), 此天地之內事吾無所不知(이 천지 안의 일은 내가 모르는 게 없으리라)"고 말할 정도로, 천지 안에서 일어나는 크고 작은 변화를 모두 알아본 것이다.

반면, 최설도의 조상님들은 대체 뭐 하고 계실까? 후손이 직업상의 일을 열심히 수행하다 보니 뜻하지 않게 귀신들에 쫓겨 다니고 있으며 어떤 한심한 귀신들은 모여서 나를 찾기 위해 작전 회의도 한

다는 등 아주 작당(作黨)을 하고 있는 이 마당에 이런 위급존망의 시기에 후손에게 조금이나마 도움을 주지 못한다면 대체 언제 주려고 하신단 말인가? 삿갓도사나 소강절 선생처럼 후손들 좀 도와주시면 안 되는가 말이다. 오늘은 왠지 모르게 나도 소강절 선생처럼 탄식이 절로 흘러나온다. 하지만 나의 이 탄식은 소강절 선생의 탄식과는 그 의미가 많이 다를 것이다. 요즘 들어 더더욱 조상의 음덕(蔭德)이 참 그립다. 이번 생(生)에 내가 조상의 음덕을 입는 것은 힘들 것 같다만 부단히 노력해서 내 후손들만큼은 소강절 선생의 후손처럼 은택(恩澤)을 입게 하고 싶다.

소강절 선생에 대해 한 가지 덧붙이자면 그가 사용한 점술(占術)은 '매화 역수'라고도 한다(이설(異說) 있음). 나는 아주 옛날에 그것을 배우려고 강원도 삼척시 근덕면까지 가서 각몽(覺夢) 스님에게 배우고 온 기억이 지금까지도 새롭다. 매화역수는 점술이 굉장히 특이하고 독특하다. 매화역수라고 이름 붙여진 이유는 소강절 선생이 매화나무를 구경하고 있었는데 두 마리 참새가 싸우다가 매화의 나뭇가지가 땅으로 떨어지는 것을 보고는 예측하기를 내일 저녁에 저 매화꽃을 꺾은 어떤 여자가 넘어져서 다친다고 말하였는데 실제로 그다음 날 저녁에 이웃집 여자가 꽃을 꺾다가 떨어져서 다리를 다친 일이 발생하였다고 한다. 그래서 거기에서 유래되어 그 이후부터 매화역수(梅花易數)라 하였다.

매화역수를 이용한 점술 관련해서 더 해 주고 싶은 말이 참 많은 데다 『마약비법(痲藥祕法)』이란 제목을 가진, 역술계의 꽃이라 불리는 책을 1천만 원 주고 산 이야기까지 하고 싶은데…. 그만해야겠다. 소강절 선생 이야기는 이쯤에서 마무리하려고 한다.

10. 성현(聖賢)의 지위

1. 석가모니(BC563~BC480)
   예수(BC7 또는 AD3~AD30)
   노자(미상, 공자보다 나이가 대략 20년 연상)
2. 공자(BC551~BC479)
   무함마드(AD570~AD632, 이슬람교의 창시자)
3. 장자
   맹자
   소크라테스(BC469~BC399)

이 책에서는 기준을 이렇게 잡았다. 많은 논란이 있겠지만 내 개인의 의견을 반영한 것에 불과하므로 크게 신경 쓰지 않아도 된다. 더구나 이런 유치한 서열(序列) 행위는 사실상 없어져야 한다고 여기지만 물어보는 사람들이 많아서 적어 보았으니 참고만 해야지 확대시키지 않기 바란다.

사람들은 석가모니, 예수, 공자, 소크라테스를 세계 4대(大) 성인(聖人)으로 알고 있다. 철학자 칼 야스퍼스(1883~1969)가 이렇게 정한 것이라고 하는데 그전(前)에 이미 일본의 이노우에 엔료(1858~1919)라는 불교 사상가가 최초로 석가모니, 예수, 공자, 소크라테스를 가리켜 4대 성인이라고 했다는 주장도 만만치 않다.

독일의 실존주의자 칼 야스퍼스라든지 이노우에든지 간에 결과적으로 석가모니, 예수, 공자. 소크라테스 네 분의 이름을 같은 반열(班列)에 올려놓았으며 지금까지 바뀌지 않고 있다. 대체 어떤 기준으로 그렇게 잡은 걸까? 나는 다르게 보기 때문이다. 내 기준은 영적인 능력을 가장 먼저 고려해야 한다고 생각한다. 초월적 능력이라고 할까? 인간의 이성(理性)으로는 도저히 이해할 수 없는 초자연적이며 초과학적인 현상까지 포함해서 말이다.

명칭도 4대 성인에서 3대 성인으로 바뀌었으면 한다. 석가여래, 예수, 노자 세 분으로 말이다.
공자는 유교(儒敎)의 창시자이지만 그는 태어나기 전에 문성(文星)의 신(神)이라는 역할을 하늘로부터 하사(下賜)받았다. 문성이라는 하늘나라 대신(代神)이 공자의 영혼으로 들어왔다는 것이 아니다. 우리가 일반적으로 생각하는 공부의 신(神)이 공자의 몸으로 들어온 게 아니고 그전에 이미 하늘로부터 하사받은 역할을 지상에서 충실히 수행하며 인생을 살아가게 하였지만 공자 본인으로 하여금 전생이라든가 부여받은 사명을 기억 못 하게 하늘에서 설정(設定)해 놓은 것이다.

그가 말씀한 내용들을 살펴보면 참으로 대단한 것들도 많다. 물론 『공자가 죽어야 나라가 산다』는 책도 있었고 그전에 이미 중국에서 문화대혁명(文化大革命)이란 명분(名分)으로 공자 관련 대다수의 것들을 깡그리 때려 부쉈지만 우리가 공부하고 생각했다고 해서 나올 수 없는 그런 내용들이 공자 어록(語錄)에는 상당히 많다. 일반적으로 한 사람이 평생 공부해도 그런 지식은 나오기 힘들다는 것이다. 그리고 그것을 문자로 만든 경전(經典)이라든가 전국을 떠돌며 인(仁) 사상을 전하려고 노력한 부분들까지 포함하면 더욱 이러한 범위가 넓어진다. 게다가 암살(暗殺) 위기를 겪어 가면서도 마침내 자기가 해야 할 역할을 마치고 하늘로 승천한 것이다.

다음은 공자와 그의 제자들의 말과 행동을 기록한 유교의 경전인 『논어(論語)』에 나오는 부분이다.

> 季路問事鬼神. 子曰: "未能事人, 焉能事鬼?"
> (계로문사귀신 자왈 미능사인 언능사귀)
> 계로가 귀신을 섬기는 것에 대해 여쭈니, 공자께서 "사람을 잘 섬기지 못하는데 어찌 귀신을 섬기겠는가?"라고 말씀하셨다
>
> 季路又曰 敢問死. 子曰: "未知生, 焉知死?"
> (계로우왈 감문사 자왈 미지생 언지사)
> 계로가 또 "감히 죽음에 대해 여쭙겠습니다"라고 하니, 공자께서 "삶도 알지 못하는데 어찌 죽음을 알겠는가?"라고 말씀하셨다

석가여래, 예수, 노자가 그 전생(前生)부터 도 닦고 수행하며 영혼을 한 차원 한 차원 올려가며 스스로를 갈고 닦으면서도 본인이 수행을 더 하기 위해 인간 세상에 내려온 반면에 공자의 경우는 위처럼 다른 방식으로 온 것이다. 게다가 석가여래, 예수, 노자는 본인이 원해서 지상(地上)으로 내려온 것이다. 더 공부하기 위해서.
하지만 공자의 경우는 그런 부분과 상관이 없으니 역사상 최고의 문신(文神)으로 추앙받을지언정 석가여래, 예수, 노자와 같은 반열(班列)에 올라가 계시면 안 된다고 하는 이유가 여기에 있는 것이다.

사람이 어떤 그 무언가를 터득하는 데는 생이지지(生而知之), 학이지지(學而知之), 곤이지지(困而知之) 세 종류로 나누기도 한다. 생이지지(生而知之)란 태어나면서부터 바로 아는 경지를 말하니 가지고 태어난다는 것이고 학이지지(學而知之)란 태어난 후에 배움을 통하여 아는 경지를 말하며 곤이지지(困而知之)는 고생 고생 힘들여서 아는 경지를 말한다.

공자의 제자들은 공자를 생이지지로 알았는데 이는 공자가 태어나기 전부터 공자가 말한 지식과 내용들을 전부 가지고 태어난 것이라는 것이다. 공자가 남기고 간 숱한 어록들을 살펴본다면 사람이 스승도 없이 스스로 공부해서 그런 말이 나오기가 거의 불가능하다고 여겼기 때문에 제자들은 공자를 생이지지로 생각한 것이다. 하지만 공자는 스스로를 가리켜 생이지지가 아니라 학이지지라고 하여 옛

것을 좋아하여 그것을 힘써서 알기를 추구한 사람이라고 말하고 있다. 내 생각인데 만약 공자가 자신이 생이지지라고 말한다면 제자들이 공부를 안 하고 흐트러질까 봐 그랬을 것이다.

공자님이 많이 서운해하실지 모르니 이쯤에서 그만둬야겠다. 더구나 한국의 유생들이 나를 어떻게 생각하겠는가? 예전에 흥선대원군이 "백성을 괴롭히면 공자가 살아 돌아와도 용서하지 않겠다"고 했는데 나까지 나서서 공자님 자리를 불편하게 한다면 공자님이나 흥선대원군이나 모두가 참으로 난처하기가 그지없을 것이다.

> 조선 후기 나이가 어린 고종이 왕위에 즉위하자 흥선대원군은 기다렸다는 듯이 집권을 하게 되고 세도정치하에서 땅에 떨어진 나라의 정치를 바로잡기 위한 여러 가지 개혁을 실시하였다. 지금까지 잘못된 정치 때문에 오랫동안 고통을 겪고 있던 조선의 백성들은 흥선대원군의 개혁 정책을 크게 환영하게 된다. 흥선대원군은 우선 왕권을 강화하고 국가의 재정을 튼튼히 하는 것을 목표로 하였다. 그리하여 오랫동안 세도를 부리던 안동 김씨 세력을 축출해 냈고 문벌을 가리지 않고 인재를 등용하는 정책을 활용하였다. 그리고 면세·면역의 특권을 누리며 여러 가지 악폐를 끼쳐 국가 재정을 어렵게 하고 농민을 끊임없이 괴롭혀 오던 서원을 대폭 정리하였다. 이때, 흥선대원군은 "백성을 해치는 자는 공자가 다시 살아난다 해도 내가 용서치 않는다"는 단호한 결의로 47개소만 남기고 대부분의 서원을 철폐하였다. 그러나 이러한 개혁에 대하여 양반들은 크게 반발하였다. 특히, 서원을 대폭 정리하는 일에 대하여 불만을 가진 양반들이 많았다.
>
> -『똑바로 한국사』

11. 구령삼정주(九靈三精呪)와 사도세자

나는 태산북두라는 도량을 운영하고 있다. 처음 내 의도대로 나는 태산북두에 기거하며 못다 한 나의 개인적 사명이자 인생 목표인 '상통천문(上通天文) 하달지리(下達地理)'를 위해 다시 새롭게 시작하게 된 것이다. '위로는 하늘의 천문을 깨닫고 아래로는 땅의 이치에 통달한다'라는 굳은 생각으로 도량을 연 것이다. 하지만 이런 내 생각과는 관계없이 점집을 연 이후 무수한 사건 사고에 휘말렸다. 그러다 보니 내가 감당하기 힘든 부분은 바로 거절하기에 이르렀다. 괜히 잘못되면 내 생명까지 장담 못 하는 수가 있기 때문이었다.

몇 년 전에 나를 찾아 온 무속인 중에 우연희라고 하는 나름대로 사명감(使命感)도 있고 젊은 여성 무속인이 있었는데 그렇게 내 말을 듣지 않고 흉가이자 폐가라고 알려진 곳에서 마을 사람들의 의뢰를 받고 밤낮으로 굿을 하고 구령삼정주를 외치다 피를 토하며 쓰러졌는데 그 후 그것 때문에 얼마 지나지 않아 세상을 하직했다. 그 터에는 보통 귀신이 아닌 신장 급(神將 級)에 해당하는 무시무시한 지박령이 오랫동안 기거하고 있었던 것이었다. 만약에 무속인이 모시는 신령님이나 조상님의 레벨이 지박 신장에 미치지 못한다면 화를 부르게 되고 잘못되면 무속인이 병신이 되거나 우보살처럼 세상을 떠나게 된다. 그러므로 귀신도 신장 급 귀신은 함부로 내쫓으려고 하면 그 여파가 상당하므로 각오를 하여야 한다. 이때의 각오는 '내가 굿을 하다가 죽어도 좋다' 정도는 되어야 한다. 대체로 무속인들이 귀신의 존재를 알아내고 지박령인 것까지는 신통하게 잘 알아내지만 지박 귀신의 급수를 헤아리지 못할 뿐만 아니라 어떻게 지박 귀신의 급수에 맞는 대응을 해야 하는지를 잘 모르는 경우가 많았다.

그럼 우보살이 경을 외던 구령 삼정주는 어떤 것일까? 구령삼정주는 도교의 『옥추경(玉樞經)』이라는 경전에 포함되어 있는 하나의 주문이다(책마다 조금 달라서 『옥추경』에서 따로 분리되어 별책으로 된 경우도 있다). 조선시대에 『옥추경』은 『칠성경(七星經)』과 함께 산에서 도를 닦는 사람들에게 널리 퍼져 있었던 경전 중의 하나였다. 이는 도술에 관심이 있는 사람들에게 가장 인기 있는 경전이었다. 그 이유는 효험이 상당히 빨랐기 때문이다. 『옥추경』은 우레의 신을 받드는 경전이고, 『칠성경』은 북두칠성을 받드는 경전이다.

『옥추경』은 우레의 신을 이용하여 귀신을 쫓는 용도였다. 귀신은 자연의 소리 중에서 천둥소리를 가장 무서워한다는 원리를 이용한 것이다. 옛날 사람들 중에는 천둥소리가 들리면 땅 속에 묻혀 있던 싹도 위로 돋아나오고, 땅속에 숨어 있던 벌레들도 밖으로 나온다고 생각하고 있었다. 그리고 귀신의 경우는 우레 소리 즉 천둥소리를 가장 두려워한다고 생각한 것이다.

『옥추경』은 이처럼 산에서 도를 닦는 사람들이 많이 활용하는데 계속 주문을 읽다 보면 입에 착착 달라붙으며 하루라도 읽지 않으면 허전해서 잠이 안 올 정도가 되기도 한다. 그때는 내가 하늘 쪽문(작은 문)을 향해 서서히 다가가고 있다는 증거가 될 수 있겠다. 슬슬 귀신 세계로 방향을 잡아 틀고 들어가고 있는 것이다.

구령삼정주는 신령 쪽 일을 하거나 도를 닦는 사람이 아니면 이 주문을 아주 지속적으로 외우면 안 된다. 인간계에서 주문을 끊임없이 외워 대면 그 주문이 마치 주파수처럼 변하여 차원계로 서서히 올라가면서 대상을 찾아다닌다. 그것은 자기가 입으로 외우는 주문이 주파수가 되어 하늘줄을 잡고 올라가서는 입을 내밀며 '내려와 주세요, 내려와 주세요' 하며 귀신을 부르게 된다. 그러다가 잘못하면 차원세계와 주파수가 딱 맞아 떨어지면 그 주파수를 타고 어느 신령, 신장이 내려올지 모른다. 인간 세계에 선한 자가 있지만 그 수가 적고, 악한 자가 있는데 그 수가 많은 것처럼 차원세계는 인간계와 마찬가지로 선한 신도 있고 악한 신도 있으니 말이다. 지상계에서 주문을 외우며 구천응원뇌성보화천존(九天應元雷聲普化天尊)을 부르니까 그가 신발도 안 신고 기쁘게 내려올 거 같은가? 아니다 그는 멀고 먼 곳에 있으니 주파수가 그곳에 다다르기도 전에 다른 신령, 신장들이 주파수를 먼저 알게 되는 경우도 많다.

그럴진대 그 넓은 차원세계 어느 곳에 어느 신령, 신장인지도 모르는데 지상계에서 구령삼정주를 막 쉬지 않고 끊임없이 외워 대면 외우는 자의 주파수와 차원계의 어느 신령, 신장이 하나가 되는 합일(合一)의 순간이 온다. 굉장히 위험한 상황이다. 집 밖에서는 마른하늘이라 햇볕이 쨍쨍한데 주문을 외우는 당사자는 천둥 벼락을 맞는다고 느낀다. 밖에서는 어머니가 따사롭고 평화로운 구름 한 점 없는 하늘 아래 고추를 따고, 콩을 수확하고 있는데 집 안에서 주문을 외우는 사람에게는 온갖 천둥 벼락이 여기저기 날리며 신장들이 다가오게 된다. 정신적으로 그렇게 느끼는 것이다. 자칫하면 감당 못해 급사할 수도 있다. 그렇지 않고 다행히 죽지 않더라도 폐인이 될 수도 있다는 것이다. 물론 10명 중에 한두 명이 날벼락을 감당해 내야 할 그럴 확률이지만 내가 거기에 해당 안 되리라고 그런 확신을 가져서는 안 된다. 인생은 좋은 일보다는 안 좋은 일이 더 많이 일어나기 때문이다.

그나마 '구천응원뇌성보화천존'이 도와주려고 내려왔으면 다행이겠다. 그리고 방에서 벼락을 보고 천둥소리를 듣게 되며 번뜩이는 신장들을 만나 본 후에는 입에 침을 질질 흘리고 문 밖으로 걸어 나오며 "어머니…. 어머니…"를 찾게 된다.

그리고 "천둥 번개가요…. 소리가 나요…"라고 말할 때, 그의 어머니는 "응 오늘 날씨 참 좋지? 공부하느라 바쁠 텐데 잠시 기다려라. 고추 거의 땄으니 밥 먹을 준비해야지…" 하고 말하며 아들을 자애롭게 바라다본다. 그의 아들은 N수생으로 수능을 공부하고 있었던 것이다. 하지만 자기의 아들이 이미 제정신이 아닌 사람인 걸 모르고 있었다.

옛날에 내가 각몽 스님에게 받은 아주 낡은 종이 책이 있었다. 낡은 정도가 너무 오래되다 보니 전체적으로 빳빳할 지경이었고 얼마나 많이 보고 읽었는지 침 때가 묻어 있었다. 멀리서 봐도 누리끼리해서 눈에 띌 정도였으며 10장도 채 안 되었지만 붓글씨로 쓰여 있는 아주 오래된 것으로 책이라고 보기도 뭐한 것이었다. 그게 말로만 듣던 구령삼정주였다.

각몽 스님은 내가 떠날 때 이런 말을 남겼다.
"내가 그걸로 영통했으니 꼭 필요할 걸세…."
그 말씀이 아직도 귀에 울리지만 위험 부분에 대해서는 일체 언급이 없었다. 나는 그것도 모르고 별생각 없이 시작한 것이다. 정말이지 끊임없이 구령삼정주를 외웠더니 어떤 때는 그 글씨들이 둥둥 떠다닌다는 느낌도 받았고 나 자신도 지금 내가 있는 이곳이 지구별이 아니라는 뭐랄까 몽환적이라고 해야 하나 황홀경이라고 해야 하나…. 삶과 죽음의 경계를 왔다 갔다 한 거 같다. 그냥 이 상태로 죽어도 괜찮다는 생각이 들었을 정도였다. 국어사전에 마땅한 단어가 없어서 표현을 잘 못하겠다. 우리 언어가 인간의 모든 감정을 거기에 딱 맞게 표출하거나 일치되게 할 수가 없기 때문일 것이다. 어쨌든 그런 상태가 계속되었다. 굉장히 당황했지만 거기서 잘 끝났으니 다행이었다. 아마도 이것저것 여러 가지를 공부하다 보니 구령삼정주와 삼합(三合, 여러 개가 모여 하나가 됨)을 이루다가 작은 문리(文理)가 일어난 모양이었다. 그 이상은 나도 잘 모른다.

각몽 스님이 보고 싶다. 늘 하시던 말씀이 있었는데 아직도 귀에 남아 있다.
"낮이 있으니 밤이 있고, 양이 있으니 음이 있으며, +가 있으니 -가 있고, 이승이 있으니 저승이 있도다."

어느 날 나는 문선명(1920~2012) 총재를 만나 보기 위해 통일교회 어느 지부 목사님을 통하여 경기도 가평에 있는 통일교 성전(聖殿)을 방문한 적이 있었다. 그러나 총재의 일정이 바뀌는 바람에 만나지 못하고 오랜 시간이 걸려서야 서울 청파동인가 그 지역에서 통일교 행사가 있었는데 개인 자격으로는 안 된다고 하여 어떤 여러 단체에 끼어서 만나 본 적이 있었다. 찾아가서 잠깐 만나 보고 거기서 신기한 광경을 목격도 하였다. 하지만 다 인연이 있나 보다 하였다. '나는 아무래도 구령삼정주 그쪽인가 보다' 하고 말이다.

그리고 한학자 여사 집안 이야기도 여러 번 듣게 되었는데 내가 통일교 신자가 아니다 보니 처음에 한학자 여사라고 사람들이 말해 줘서 한학을 많이 공부한 학자인 줄 알았는데 그게 아니고 문선명 총재의 부인이라고 하였다.

한학자 여사의 외가 쪽 조상 중에 조한준이라는 사람이 있었다고 한다. 평안도 정주에는 달래강이라는 강이 있었고 그곳에 다리가 있었다. 예전부터 있었던 다리로서 돌을 쌓아 만든 튼튼한 다리였는데 세월이 흐르고 오래되면서 허물어지고 무너지게 되었다. 그마저 어느 날 닥쳐온 홍수로 인해 돌들이 물속으로 완전히 매몰되어 버린 것이다. 그래서 사람들이 그 다리를 건너지 못하게 된 일이 생겨버렸다. 하지만 먹고살기도 바쁜 당시 조선인들은 다리를 보수할 엄두를 내지 못하고 그냥 내버려 두게 된다. 한번은 청나라에서 조선으로 사신 행렬이 오게 되었는데 다리가 무너져 있으니 건널 수가 없었다. 당시 그곳 관아에선 여력이 없어 할 수 없이 곳곳에 방을 붙여 돌다리를 예전처럼 복구해 줄 사람을 찾게 된다. 그때 조한준 선비가 이를 보고 재산을 내어 돌다리 보수 공사를 하게 되었는데 이번에는 전보다 다리를 더 크고 더 높게 만들어 놓았다. 그래서 위로는 사람들이 잘 다닐 수 있게 된 것은 말할 것도 없었고 아래로는 배들도 무리 없이 지나 다닐 수 있게 되었다고 한다. 조한준 선비는 다리를 공사하느라 전 재산을 쓰게 되었는데 엽전 3냥은 잠자리 옆에 남겨 놓았다고 한다. 다음 날 돌다리 준공식에 참여하기 위해 새 짚신을 사려고 말이다. 그런데 그날 밤 꿈에 수염허연 할아버지가 나타나서는 "공사하느라 얼마나 고생을 많이 하였느냐 큰 공덕을 쌓았느 니라. 내가 그대 가문에 황제를 한 명 후손으로 보내고자 하였는데 그대가 엽전 3냥을 남겨 놓는 바람에 황제 대신에 공주를 한 명 보 낼 것이다" 하였다고 한다. 놀라서 깨어 보니 꿈이었다. 조한준 선비 가 엽전 3냥까지 전부 돌다리 공사를 위해 사용했더라면 후손이 지 상의 황제로 태어났을 텐데 짚신을 사기 위해 3냥을 남겨 두는 바람 에 황제가 아닌 공주가 태어나게 될 것이라는 예언이었다. 오늘날의 한학자 여사가 꿈속의 공주라는 이야기인데 통일교 신자들 중에서 도 이 이야기를 아는 사람이 많아서 듣게 된 것이다.

구령삼정주(九靈三精呪)

天有 貪狼 巨門 祿存 文曲 廉貞 武曲 破軍 左輔 右弼 九星
천유 탐랑 거문 녹존 문곡 염정 무곡 파군 좌보 우필 구성

人有 天生 無英 玄珠 正中 子丹 回回 丹元 太淵 靈童 九靈
인유 천생 무영 현주 정중 자단 회회 단원 태연 영동 구령

天有 虛精 六旬 曲生 三台 人有 台光 爽靈 幽精 三精
천유 허정 육순 곡생 삼태 인유 태광 상령 유정 삼정

天人爲一 星靈不移 相隨 人間守護 吾身 上照下應
천인위일 성령불이 상수 인간수호 오신 상조불응

道氣團圓 延壽長生 福祿無邊 三尸以滅 九蟲亡形
도기단원 연수장생 복록무변 삼시이멸 구충망형

與天同德 與日月同明 與時順序 與物會合 江山不老 九州淵源
여천동덕 여일월동명 여시순서 여물회합 강산불로 구주연원

上天下地 無不通明 觀形察色 無不通知 遠報近報 無不通達
상천하지 무불통명 관형찰색 무불통지 원보근보 무불통달

禍福如應 外淸內淨 九竅光明 保護我身 如谷有聲 如影隨形
화복여응 외청내정 구규광명 보호아신 여곡유성 여영수형

我兮神兮 感應感應 一如所願 事事明示 吾奉吾奉
아혜신혜 감응감응 일여소원 사사명시 오봉오봉

九天應元 雷聲普化天尊 玉淸眞皇 如律令 來助我 娑婆訶
구천응원 뇌성보화천존 옥청진황 여율령 래조아 사바하

해설 부분은 일부러 전부 빼 버렸다. 읽는 분이 혹시 빠져들 것을 경계하고 방지하기 위함도 있고 해설 부분이 이해하기도 쉽지 않기 때문이다.

그럼 이처럼 신령한 구령 삼정주를 여러분과 내가 힘을 합쳐 줄기차게 외우면서 저승사자를 퇴치해 달라고 마음속으로 되뇌인다면 소리 없이 다가오는 저승사자를 저지하여 얼마만이라도 목숨을 보전할 수 있을까? 불가능하다. 그걸 목적으로 부르짖으면 퇴치가 안 될 뿐만 아니라 그 의도를 알아챈 저승사자가 나중에 가만 두지 않을 것이다. 시도하지 않는 것이 신상에 이로울 듯하다. 저승사자를 상대로 구령삼정주를 외우는 쪽이 반드시 백패(百敗)하게 된다.

구령삼정주 주문을 독경(讀經)할 때는 다음과 같이 음독(音讀)을 한다. 천유로 시작해서 사바하로 끝나니까 이를 계속 반복하면 되겠다. 그러나 한 번 읽어 보고 그 이상은 하지 말았으면 한다. 주문을 읽기 전에 준비하는 단계도 있다. 마음 자세를 올바르게 고쳐먹고 내가 이 주문을 절대적으로 믿겠으며… 하는 여러 가지가 있다. 그러니 깊이 들어가지 말고 여기 나온 것만 읽어 보고 끝냈으면 한다.

천유 탐랑 거문 녹존 문곡 염정 무곡 파군 좌보 우필 구성
인유 천생 무영 현주 정중 자단 회회 단원 태연 영동 구령
천유 허정 육순 곡생 삼태 인유 태광 상령 유정 삼정
천인위일 성령불이 상수 인간수호 오신 상조불응
도기단원 연수장생 복록무변 삼시이멸 구충망형
여천동덕 여이월동영 여시순서 여물회합 강산불로 구주연원
상천하지 무불통명 관형찰색 무불통지 원보근보 무불통달
화복여응 외청내정 구규광명 보호아신 여곡유성 여영수형
아혜신혜 감응감응 일여소원 사사명시 오봉오봉
구천응원 뇌성보화천존 옥청진황 여율령 래조아 사바하

『옥추경(玉樞經)』(옥추보경 또는 옥추단이라고도 한다) 자체도 조금은 알아두는 것이 좋다. 조선시대 왕 중 최고로 장수한 왕이 영조라는 것은 잘 알 것이다. 82세로 돌아갔으니 말이다. 어느 날 영조대왕의 아들 사도세자(1735~1762)는 궐내에 출입하는 점쟁이에게 명해 어떤 주문을 가져오도록 한 후 그것을 밤낮으로 외우기를 계속 반복했다. 그 주문이 대체 뭘까?

2015년에 나온 한국 영화 '사도(思悼, The Throne)'를 보게 되면 사도세자가 뒤주에 갇히고 그를 따르던 인물들이 칼로 처형당하는 장면에서 그가 뒤주 안에서 무언가에 홀린 듯 열심히 중얼거리는 장면이 나온다. 뭐라고 하는 것일까? 가만히 들어보면 여러 신장들의 이름이 그의 입에서 줄줄이 나오는 것을 들을 수 있다. 이것이 바로 『옥추경』이다.

『옥추경』에 대해서는 사도세자의 부인인 혜경궁 홍씨(1735~1816)의 『한중록』에도 다음과 같이 언급된 부분이 있다.

> 사도께서 말씀하시길 "『옥추경』을 읽고 공부하면 귀신을 부린다 하니 읽어보는 게요" 하시며 밤마다 읽고 공부하시더니, 어느 날 깊은 밤에 정신이 어득해져 가지고는 "구천응원뇌성보화천존(九天應元雷聲普化天尊)이 보인다. 보여…. 아이고 무서워라, 무서워" 하셨는데 이 때문에 병환이 깊이 드시니 그저 『옥추경』이 원수로다. 아주 원망스럽구나…. (중략)
> 사도께서는 『옥추경』을 보신 이후 아주 기질이 바뀌셨다. 심지어 '옥추' 두 자를 감히 말로 내뱉지도 못하셨다. 단옷날엔 임금께서 신하들에게 주는 옥추단(급히 체한 경우 등에 쓰는 구급약)도 단지 옥추라는 이름이 무서워서 받지를 못하셨다. 그 후로는 하늘도 무서워하시고, 우레 뢰(雷), 벽력 벽(霹) 같은 글자는 보지도 못하셨다. 또 『옥추경』을 보기 전에는 천둥을 싫어하셔도 그리 심하진 않았는데 『옥추경』을 보신 후에는 천둥 칠 때면 놀래서 귀를 막고 엎드렸다가 다 그친 후에야 일어나셨다.

내 생각에 사도세자는 『옥추경』을 익혀서 무서운 힘을 가진 천둥 벼락 신(神)의 도움을 받기를 바랐는데 도리어 귀신이 치고 들어와 버렸던 것(귀신 들린 것)으로 추정된다. 아마도 사도세자는 아버지 영조대왕으로부터 매일 극심한 스트레스를 받자 이것을 어떻게든 극복해 보려고 노력한 모양이다. 하지만 스트레스가 끊이질 않고 언제 끝날지도 모르게 되니 궁궐을 조용히 오가는 점쟁이들을 통해 전해 들은 『옥추경』이 막대한 위력을 가진 도교 경전이라는 것을 알게 되었고 『옥추경』 속의 '구천응원뇌성보화천존'의 힘에 의지하고자 했던 것이다.

사도세자는 또한 사람을 많이 죽인 것으로도 유명하다. 그가 죽인 사람만 100여 명에 이를 정도였다고 하니 참으로 끔찍하다. 『한중록』에도 사도세자가 사람을 죽인 것을 묘사한 부분이 나온다. 사도세자는 『옥추경』을 읽어 낸 후 성공하지 못할 경우에 다가올 엄청난 후폭풍을 너무 간과한 것이 아닌가 여겨진다. 처음부터 『옥추경』을 아예 손대지도 읽지도 말았어야 했다. 사도세자 때문에 많은 사람들이 억울하게 죽었으니 대체 이를 어떡하면 좋겠는가. 한숨이 절로 나온다.

한국의 몇몇 무속인들도 『옥추경』 경문을 외우지 않을까 한다. 내가 산에 있을 때 우보살이 『옥추경』을 가지고 다니는 것을 보았고 또한 굿이나 기도할 때도 그것을 소리 내어 읽거나 암송하는 것을 직접 보았다. 이처럼 무속인들 중엔 『옥추경』을 선호하는 사람들도 있다. 왜일까? 경문 중에는 '천수경(千手經), 천지팔양신주경(天地八陽神呪經)'

또는 이와 비슷한 다양한 경문들을 외우는 경우가 있지만 내가 생각해도 『옥추경』만큼 효과가 빠른 것은 없는 것 같다. 장기전으로 갈 거라면 '천수경, 천지팔양신주경' 등을 읽어 댄다면 나쁘지 않을 것 같지만 그렇지 않고 지금 당장 강력한 효과를 보려면 『옥추경』만 한 경전을 찾기가 힘들다는 것이다.

여기에 『옥추경』의 원문과 내용을 전부 싣지는 않았다. 윗부분에 구령삼정주를 적어 놓은 것 외에는 싣지 않았다는 것이다. 하지만 관심 있는 분이라도 찾아보는 것은 좋은데 대략 이런 게 있구나 하고 2~3분 정도 훑어보고 거기서 끝냈으면 좋겠다. 그리고 나서 더 이상 신경을 쓰지 않았으면 한다. 옛말에 이르길 길이 아니면 가지 말라고 했다. 옛말이라고 다 틀린 것은 아니고 그중에 이렇게 올바르고 맞는 것도 있다. 『옥추경』은 귀신의 뼈를 녹아내리게 하고 천 리 밖에 있는 신장까지 불러오게 하는 아주 영험한 것이라 일반인이 독송(讀誦)하면 그다지 좋지 않다. 그래서 여러 번 읽다 보면 빨려 들어갈 수가 있고 어느새 입에 착 달라붙게 되며 그러면 귀신들이 아주 좋아라 할지도 모르니 말이다. 귀신들이 여러분 귓속에 대고 "계속 읽어…. 계속 읽어…. 그만두지 마…. 그만두지 마" 하고 달콤하게 속삭일지도 모른다. 여러분은 그것을 모른 채 자기의 생각이라고 의식할 것이다. 이는 『옥추경』이 귀신을 끌어들이는 경문이기 때문이다. 즉 그 말은 앞으로 계속 읽어 갈지도 모른다는 뜻이다…. 직업적으로.

이런 일이 있었다. 어느 건장한 청년이 내 말을 무시하고 새벽 일찍부터 일어나서 이 『옥추경』을 죽어라 밥도 안 먹고 외워 댔는데 늦은 저녁때에 이르러 너무 힘들고 배도 고프고 해서 자리에서 일어나다가 약간 현기증을 느꼈다고 한다. 그 순간 어디서 보지도 듣지도 못한 숱한 신장(神將)들이 사방으로 들이닥쳐서는 뭐라고 하는데 너무 놀라서 잠깐 혼절을 했다고 한다. 그리고 깨어나서는 신장들이 두려워서 밤새 잠을 못 자게 되었다는 이야기를 나에게 해 주었다.

영화 '사도'에 나오는 노래(독경) 중 『옥추경』 '망자해원경(亡者解寃經)'이라는 것이 있다. '억울하게 죽은 이의 원한을 풀어주는 경문'이라 해석되는데 내가 보유(保有)한 『옥추경』 내용과는 다르다. 『옥추경』의 판본(板本)이 여러 가지라 그런 건지, 새로 개작해서 그런 건지는 확인이 필요해 보인다. 그리고 그 '망자해원경'에는 신장(神將)들이 많이 등장하는데 차원세계는 상당히 많은 신장들이 있다. 외국 신장들까지 따져 간다면 밤새워 세어도 다 모자를 것이다. 마하선사는 하늘 신장의 수가 수억조만큼 있다고 내게 말해 주었다. 망자해원경 중간 부분에는 『옥추경』의 핵심 대장(大將) 구천응원뇌성보화천존 신장도 들어가 있다. '망자해원경' 이 노래는 꼭 박수무당이 독경하는 것처럼 들린다. 영화라서 그런가 보다. 여러분도 시간이 되면 꼭 한 번 보았으면 한다.

그리고 『옥추경』 범례(凡例, 일러두기)를 보면 구령삼정주와 마찬가지로 주의해야 할 많은 것들이 있는데 그중 몇 가지를 보게 되면 다음과 같다.

- 『옥추경』을 독경할 때는 반드시 옥추부(부적을 말한다)를 벽에 붙여 놓아야 하고, 욕심을 내지 말 것이며, 마음을 정갈하게 하여 지성으로 재계(齋戒, 몸과 마음을 깨끗이 하고 부정한 일을 멀리함)하며, 옷을 단정히 할 것이며, 마음을 맑게 하여 정기를 품어야 한다.
- 『옥추경』을 독경하여 도(道)를 이루고자 하는 사람은 제일 먼저 고기, 생선, 오신채(마늘, 파, 부추, 달래, 흥거)를 먹지 말거나 적당히 먹어야 한다.

이 책 후반 부분을 읽다 보면 내가 직접 작사한 '저승 행진곡(또는 사자 행진곡)'이 있다. 나중에 시간 되면 『옥추경』도 노래로 만들어 보려고 한다. 『옥추경』 전부는 아니고 사람들이 납득할 만한 부분을 선택한 후 시대 정서에 맞게 약간의 편집을 거쳐서 내놓으려고 한다. 『옥추경』이 원래가 강력한 주문인 데다 거기에 나의 영적 기운까지 모두 실어 보려고 한다. 다만 불려 퍼지는 노랫소리 때문에 부작용들이 생겨나지 않았으면 한다.

12. 석가여래와 제천대성의 대결

무속인들이 몸에 산신령이나 조상신, 애기보살 또는 장군 신장과 접신을 하여 영(靈)으로 보는 것과 달리 나는 그런 분들과 접하는 것이 아니라 스스로의 영안(靈眼)을 통해 본다. 하지만 아직까지도 더 넓고 더 깊게 내다보지도 알지도 못한다. 이런 나와 달리 석가여래, 예수, 노자는 육신통(六神通)에 능할 뿐만 아니라 삼라만상을 전부 꿰뚫어 보았다. 그분들과 비교하는 것 자체가 대단한 실례이고 무리지만 그래도 일반 사람들보다는 내가 영의 세계에 대해 많이 알고 있고 저승세계에 대해 잘 알고 있으며 사람이 죽은 후에 저승 신장(神將)을 대할 때 어떻게 해야 하는지 그런 방법도 나름대로 갖고 있다.

삼라만상의 이치를 꿰뚫은 석가여래의 능력을 그의 수많은 법문뿐 아니라 소설책에서도 찾아볼 수 있는데 『서유기(西遊記)』가 대표적이다. 옛날에 손오공이 옥황상제가 있는 상제 천국을 난장판으로 만들어 놓았다. 손오공의 그럴싸한 명분은 "세상은 나면서부터 공평하고 평등한데 어찌해서 옥황상제 당신만 매일 그 자리를 차지하고 있는 거냐. 더 능력 있는 자가 옥황상제를 하는 것이 하늘의 이치요 세상의 도리 아니겠는가?"였다.

옥황상제가 "못된 원숭이 놈"이라고 하며 잡아들이려고 하자 상제가 다스리는 천국은 완전 전쟁터가 되어 버린다. 손오공 하나를 잡기 위해서 말이다. 하지만, 옥황상제는 최고급 신으로 석가여래, 예수, 노자와 거의 비슷한 정도의 수준인데도 그의 수많은 신장(神將), 신병(神兵)들이 손오공을 제압하지 못해서 쩔쩔매게 된다. 신장들과 신병들이 죽기 살기로 손오공을 위아래 사방으로 에워싸고 공격을 퍼부었으나 대체 이 전투는 언제 끝날지 모르겠고 근두운을 타고 여의봉을 휘두르며 동에 번쩍 서에 번쩍 하는 손오공은 시간이 흘러 갈수록 여유가 있어 보인다. 신장들과 신병들은 점차 지쳐 가는데 말이다. 이러다간 얼마 못가 옥황상제가 다스리는 그만의 천국은 곧 손오공에게 넘어갈지도 모른다. 지금 봐서는 옥황상제에게 그다지 유리한 상황은 아닌 것 같다.

그때 이 상황을 보다 못한, 옥황상제를 보필하는 태백금성이 석가여래에게 청하여 이 일을 해결하자고 건의하게 된다. 전(前)부터 태백금성은 옥황상제와 달리 손오공을 호의적(好意的, 좋게 생각)으로 보았고 제천대성(諸天大聖)이란 칭호를 손오공에게 주어 달래 보자고 한 적도 있어 옥황상제는 그때 태백금성의 제안을 받아들여 이후로 손오공은 '제천대성' 작위를 하사받게 된다. 하지만 옥황상제가 손오공을 제천대성으로 봉하고 달래었으나 오히려 손오공은 더욱 오만

하게 되어 버린다. 그래서 지금 옥황상제는 상제 천국을 손오공에게 넘겨주느냐 마느냐 하는 시급한 상황이 되었고 더 이상 어쩔 수가 없이 노신(老神) 태백금성의 제안을 받아들인다.

그리하여 서방 정토에 있던 석가여래는 옥황상제가 있는 상제 천국으로 오게 된다. 드디어 석가여래를 마주한 손오공이 그를 대뜸 알아보고는 "석가여래, 당신은 서방 정토에서 설법이나 할 것이지 여기까지 와서 쓸데없이 왜 참견하려는 거지? 여차하면 서방 정토까지 뒤집어 버리겠어" 하며 여의봉을 휘두르며 위세(威勢)를 과시한다.
"듣던 대로 난폭한 원숭이로구나. 왜 그리 날뛰는 것이냐?"
"석가여래 당신이 모르는 거 같으니 제천대성께서 말씀해 주마. 난 천지의 조화로 태어났고 법력(法力)도 아주 뛰어난데 옥황상제는 아둔하고 어리석으니 나한테 자리를 양보하라는 거다. 이것이 대자연의 이치인 걸 당신도 잘 알고 있겠지?"
"윤회의 수레바퀴도 벗어나지 못하였고 아직 인간도 되지 못한 원숭이 녀석이 어찌 옥황상제께 함부로 망발(妄發)을 하느냐. 상제께서는 어려서부터 도를 닦아 1,750겁 동안 고행(苦行)을 쌓으셨다. 1겁이 12만 9,600년이니 몇 해를 고생해야만 무극(無極)의 대도(大道)를 누리겠느냐? 갓 태어난 짐승이 주제도 모르는 헛소리는 그만두고 어서 빨리 귀의(歸依)하거라."
"흥, 석가여래 잘 들어라. 수행을 오랫동안 했다고 해서 상제 자리에 눌러앉아야 한다고? 요요요요…. 수행을 오래 하고 안 하고가 무슨 상관이며 능력이 있는 자가 그 자리에 있는 것이 대자연의 순리 아니겠는가? 더구나 지상계의 천하 백성들은 굶주림에 허덕이며 전쟁과 질병에 시달리고 있는데 옥황이가 그들을 위해 대체 무슨 일을 어떻게 하였다는 것이냐? 석가여래 헛소리 그만해라. 오…. 그래. 석가여래 마침 잘 왔다. 기왕 여기까지 온 김에 나와 함께 옥황이를 내쫓자. 석가여래 당신 말대로 오래 해 먹었으니 물러날 때가 되었지. 고인 물도 썩는 법 아니겠는가? 안 그래? 석가여래?"
"그래. 좋은 생각이구나."
"그래 그래. 역시 듣던 대로 석가여래는 현명하기가 이를 데 없구나. 옥황이는 들었느냐? 이 쪼잔한 작자야…."
손오공은 석가여래의 그 말을 듣자마자 신이 나서 데굴데굴 구르며 아주 좋아한다.
"좋은 생각이지만 상제께서 거부하시면서 너에게 이렇게 물으실 거다. 원숭이가 무슨 능력이 있어 이 옥좌에 앉느냐고 말이다. 네겐 어떤 재주가 있느냐?"
손오공이 푸하하 웃으며 석가여래, 옥황상제, 신장, 신병 등이 보는 앞에서 자신의 재주와 능력을 마음껏 펼쳐 보이자 석가여래는 '대단하도다 대단해' 하며 감탄한다.

이때 손오공의 웃음소리가 얼마나 크고 웅후했는지 천궁 저 멀리서 구름을 타고 서서 비를 내리게 하려고 옥황상제의 허가를 기다리고 있던 용왕들이 그 웃음소리를 듣게 된다.

동해 용왕 오광(五光)이 그 웃음소리를 듣고는 한탄을 한다.
"듣자 하니 손오공의 웃음소리 같소이다."
그러자 남해 용왕이 한숨을 길게 내쉬며 억울하다는 조로 말한다.
"언제까지 이렇게 서서 대기해야 하오?"
멀리 천궁을 바라보고 있던 서해 용왕이 남해 용왕의 얼굴을 바라보며 말한다.
"저렇게 석가모니 존자까지 온 상황인데 상제님의 허락이 지금 가능하겠소? 그만 철수하고 다음을 기다려 봅시다."
"다음에 여기 올 땐 손오공의 하명(下命)을 받는 건 아니겠지요?"
동해 용왕 오광이 손오공을 너무 두려워하며 걱정스럽게 대답한다.
용왕들이 웅성거린다.

사실 동해 용왕 오광은 손오공에게 악감정이 쌓일 대로 쌓였다. 여의봉(如意棒) 때문에 그러하다. 본래 태상노군 노자가 여의봉을 만든 이후 동해 용궁의 창고에 넣어두어 '바다의 추(錘)'로 삼아 보관해 왔으나 손오공이 동해 용궁으로 와서는 오광에게 자기가 쓸 무기를 달라고 하면서, 이런저런 무기들을 다 사용해 보니 약하고 가볍다는 이유로 퇴짜를 놓으며 난리를 치다가 여의봉을 자유자재로 사용해 보고는 마음에 들어 하며 갖고 가 버렸다. 이 와중에 동해 용왕 오광이 손오공에게 실컷 얻어터지게 된다. 여의봉의 샌드백이 되어 준 것이었다.

여의봉은 무게가 1만 3,500근인데, kg으로 환산하면 대략 8,100kg이 된다. 한국인 연령대별 체중 분포를 보면 20대는 남자 74.8kg, 여자 56.9kg, 30대는 남자 77.3kg, 여자 58.1kg의 평균을 보인다고 하니 비교가 될 것이다. 손오공은 화딱지가 나면 "이 손 할아버지의 여의봉으로 너희들을 한 대씩만 쓰다듬어 줘야겠다" 하면 이 말을 들은 대부분의 산신령이나 토지신들은 "아이고 대성(大聖), 대성! 저희들은 그런 무시무시한 쇠몽둥이에 한 대만 맞아도 뻗어 버립니다" 하면서 땅에 코를 박고 연신 절을 하곤 했다. 실제로 어마어마한 무기인 것이다.

그런 손오공에게 석가여래는 내기를 하나 하자고 한 것이다.
"만약 네가 근두운으로 내 손바닥을 빠져나가면 이긴 셈치고 상제님을 내가 있는 서방 정토로 오시게 하여 모실 것이고 상제 자리와 천궁을 너에게 넘겨주마. 그리되면 알다시피 신장과 신병 모두가 너를 따르지 않을 자가 없을 것이다. 하지만 네가 지게 되면 지상계로 내려가 수행을 계속해야 할 것이야."
그런데 옥황상제는 석가여래의 말을 듣자 순간 당황했다. 대체 이를 어쩐다 하며 손을 들어 어떤 말이라도 하려는 손간, 손오공이 쾌재(快哉)를 부르며 옥황상제를 바라보며 먼저 큰 소리로 외쳤다.
"옥황이는 잘 들어라. 방금 석가여래가 한 말 약속을 꼭 지켜야 한다. 지켜야 해. 알았지?"
그리고 여의봉 끝을 신장과 신병들에게 향하며 다시 한번 다짐한다.

"너희들도 다 들었다. 다 보았다. 맞다. 맞지?"
"석가여래, 약속을 꼭 지켜라" 하며 이번엔 석가여래를 바라보며 여의봉을 멋지게 휘둘러본다.

석가여래가 미소 지으며 동의하자마자 손오공은 번쩍하면 10만 8,000리(약 42,414km)를 날아가는 근두운을 타고 눈 깜짝할 새 사라졌다. "다녀올 테니 옥좌를 넘길 준비 잘들 하셔" 하는 우레 소리와 함께.

참고로 '눈 깜짝할 새'라는 말은 매우 짧은 순간을 뜻하는 말로, 빛의 속도에 비유하기도 한다. 빛의 속도는 약 299,792,458m/s로서 1초에 약 30만 km를 갈 수가 있다. 빛의 속도는 1초에 지구를 7바퀴 반을 돌 수 있으며 지구에서 달까지 1.3초 만에 도달할 정도라고 한다. 지구의 적도 둘레가 약 40,000km이고 지구 표면과 달 표면까지의 거리는 약 384,000km이다.

손오공이 한참을 날아 가다가 5개의 커다란 산봉우리를 보자 결국 자신이 세상 끝까지 왔으니 석가여래의 손바닥을 벗어났다고 여기게 된다. 그리고 증거를 남기기 위해 글자를 암벽에 새기게 되는데 '제천대성 손오공 다녀가심'이라고 크게 써서 표식을 남기지만 혹시나 석가여래가 법술(法術)을 부려 지워 버릴까 봐 암벽 밑에다가 오줌을 잔뜩 누어 버린다. 그리고는 곧 새로운 옥황상제가 된다는 부푼 마음으로 천궁으로 돌아오게 된다.

하지만 천궁으로 돌아와 보니 석가여래의 오른손 가운데 손가락 안쪽에 자신이 써 놓은 글자가 써져 있는 것을 보게 되고 석가여래의 손바닥엔 자신의 오줌이 그대로 있는 걸 알게 된다. 석가여래의 손바닥에서 벗어나지 못한 걸 알게 된 손오공은 석가여래가 사기(詐欺)를 친다며 분노하게 되고 여의봉을 휘두르며 무섭게 달려들지만 석가모니의 여래신장(如來神掌)에 의해 오행산(五行山)의 밑바닥에 깔려 갇히게 된다. 이때 석가모니가 여래신장을 행(行)할 때 석가모니의 손가락과 손바닥이 커다란 산으로 변하면서 마구마구 쏟아져 내려오기 시작하며 손오공을 덮쳐 오자 그 밑에 있던 손오공은 하늘 위에서 치고 내려오는 석가여래의 손바닥에서 벗어나려고 자기가 갖고 있던 온갖 술법을 모두 부려 보았다. 하지만 결국 손오공은 갓 태어난 오행산과 함께 500년 후에 오게 될 삼장 법사를 기다리게 된다.

손오공이 석가여래의 손바닥에 눌려 봉인(封印)되었을 때 손가락 개수만큼 높이 솟은 봉우리 다섯 개가 생겨났으니 사람들은 이를 오행산(五行山)이라 불렀다. 그리고 손오공은 그 상태로 고개만 내민 채 훗날 삼장법사가 올 때까지 쭉 봉인당한 채 기다리게 된다.

바야흐로 당나라 시절로 접어들었다. 손오공은 삼장법사에게 왜 이리 늦게 왔냐고 감격해서 소리를 꽥꽥 지르며 반가워했고, 삼장법사에게 산 위쪽에 석가여래가 붙여 놓은 부적(符籍)을 떼어 달라고 말한다. 그다음 멀찍이 떨어져 있으라 한 뒤 산을 박살내고 밖으로 튀어나오게 된다.

한편 석가여래와 손오공의 대결 장면을 지켜보던 옥황상제와 수많은 신장(神將), 신병(神兵) 모두가 석가여래의 굉장한 법술에 놀라는 장면이 나온다. 이는 『서유기』의 도입 부분에 나오는 줄거리인데 '뛰어 봤자 부처님 손바닥'이란 고사성어가 여기 소설책에서 나오게 된 배경이기도 하다. 『서유기』의 저자 오승은(吳承恩, 1500~1582)이 지은 이 책은 정말 황당하기 그지없다. 하지만 꼭 그렇게만 보아서는 안 된다고 본다. 대작(大作, 내용이 방대하고 규모가 큰 또는 뛰어난 작품)을 쓴 사람들은 본인 스스로 노력해서 대작이 나오기가 아주 어렵다. 하늘의 글월 신이 내려와 오승은과 통신(通神)을 하게 되었고 그래서 중국의 4대 기서(奇書) 중 하나인 『서유기』가 탄생한 것이라고 여겨진다.

베트남에도 오행산이 있다. 그리고 손오공 이야기가 여기에도 전해진다. 베트남 다낭 지역으로 여행을 다녀온 분들 중 대부분이 오행산을 다녀오실 것이다. 그리고 거기서 뜻밖에도 『서유기』에 나오는 손오공 이야기를 듣게 된다. 산 이름이 정말로 오행산(五行山)이다. 안에 동굴이 있는데 삼장법사 비슷한 부처 조각상이 앉아 있기는 하다. 오른손에는 기다란 작대기 같은 것을 쥐고 있는데 여의봉이라고 한다. 아무리 봐도 손오공이 아니고 삼장법사 같은데 여의봉을 쥐고 앉아 있다. 베트남 사람들은 『서유기』의 오행산을 이곳으로 알고 있다고 한다. 석가여래의 5개 손가락이 이곳으로 내려오면서 오행산이 만들어졌으니 성스런 곳이자 축복받은 베트남이란 생각을 갖고 있다. 그리고 각 봉우리는 수(水), 금(金), 지(地), 화(火), 목(木) 이렇게 5개를 상징한다고 하니 『서유기』의 내용과 거의 비슷하다고 본다.

이곳엔 한국인뿐만 아니라 중국인들도 상당히 많이 오는데 중국어로 낙서가 이렇게 쓰여 있었다고 한다. '여긴 가짜다.' 아마도 『서유기』에 나오는 오행산은 이곳이 아니라는 뜻일 것이다. 당시에 나는 베트남 산천을 주유(周遊, 두루 돌아다니면서 구경하고 노는 것)하고 있었는데 이곳도 방문하여 산의 형세를 자세히 살펴보고 도인도사가 나올 수 있는 자리인지, 산의 기운이 베트남의 국운에 영향을 미치는지 등을 유심히 관찰하고 돌아왔다. 베트남을 만행할 때 베트남 사람들이 나를 보고서 태국 사람이냐고 물었다. 날씨가 말할 수 없을 정도로 무더워서 연신 땀을 흘리고 있고 몸은 햇볕에 타고 그을려서 그랬나 보다. 그리고 나는 이곳 베트남의 오행산이 아닌 중국의 오행산에서 수행 중 영안(靈眼)을 얻었다. 중국의 오행산이 다른 사람들에겐 아니겠지만 나에겐 잊을 수 없는 명산(名山)인 것이다. 비록 손오공이 산을 깨고 나오면서 거의 부숴 버렸지만 말이다.

13. 냉혹(冷酷)한 저승사자

석가여래는 법문을 통하여 무한대로 펼쳐진 천상계에서 자신이 본 바 한 티끌의 작은 먼지 속에도 삼천대천세계(三千大天世界)가 있다고 하였다. 또는 갠지스강의 수많은 모래알 하나하나에도 삼천대천세계가 각각 존재한다고 하였다. 삼천대천세계는 두 가지로 해석해 볼 수 있다. 하나는 숫자 그대로 아주 작은 티끌 하나 속에 삼천개의 아주 큰 지구별과 같은 세계가 있다는 것이고 또 하나는, 3 이상의 숫자부터는 아주 많다는 뜻으로 쓰여 지구와 같은 별들이 셀 수 없이 무수히 존재한다는 것이 바로 그것이다. 석가여래가 활동하던 시대에 그는 거기까지 내다본 것이다. 정말이지 석가여래의 영적 수준은 가늠이 안 될 정도이다.

석가여래의 법문

一微塵中含十方 (일미진중함시방)
하나의 지극히 작은 티끌(먼지) 속에 온 우주가 들어가 있고

一切塵中亦如是 (일체진중역여시)
어느 한 티끌만 그런 게 아니라 모든 티끌이 또한 그러하다

그 수많은 별들 중에서 지구별의 역할은 인간들이 죄를 짓고 가게 되는 교소도 역할을 하게 된다. 안 좋게 표현한다면 벌을 받으러 가는 곳이다. 각자의 수준이 떨어져서 지상계로 내려온 것인데 사람들로 하여금 그곳에서 각자 자신에게 주어진 것을 공부하여 천상계로 다시 올라오게끔 하려고 하느님이 기회를 준 곳도 지구별 지상계인 것이다. 벌도 받고 기회도 받고. 참말로 울어야 할지 웃어야 할지 모르겠지만 두 개의 이중적인 지위를 갖고 있다.

옛날 사람 중엔 도를 닦은 사람이 많아서 이러한 지상계의 이중적인 의미를 이미 알아내 버렸다. 그리고 각자의 근기(根氣)에 맞게 수행을 하거나 도파를 형성하거나 해서 끊임없이 본인을 업그레이드시켰던 것이다. 그런데도 불구하고 그 외의 많은 사람들은 수행 공부를 게을리하고 후손 생산에 열중하여 자신이 쌓은 것을 자식들에게 남겨 주려고 온갖 애를 썼고, 재산을 더 모으기 위해 악행을 저지르기도 하는 등 하느님의 뜻과는 정반대로 가 버린 경우가 많았다.

저승사자는 신장(神將)으로서 저승사자 전부가 그런 건 아니지만 한때는 그도 지상계로 떨어져 계속 수행을 하다가 나중에 일정한 수준에 오른 경우도 있었는데 그러자 본인이 원하여 저승사자라는 신장을 맡게 된 것이다. 상천계에는 천국이 수없이 많다. 서방 정토라 일컫는 석가여래가 있는 불국토, 예수 천국 등 수많은 천국이 존재한다. 저승사자는 수많은 천국 중에서 어느 곳을 스스로 선택하거나, 자기만의 작은 공간을 만들어 그곳에서 안락하게 생활할 수 있음에도 불구하고 본인이 더 공부하기 위해 상천계가 아닌 중천계에 머물며 염라대왕을 도와 죽은 자를 저승으로 안내하는 심부름꾼의 역할을 하게 된다.

그러고 보니 막상 지상계로 떨어져 내려와 있는 인간들이 지상계 생활에 젖어서 먹고사는 데에만 열중하느라 하라는 천상 공부를 하나도 안 하고 죽은 경우가 거의 대다수였던 것이다. 저승사자 입장에서는 도무지 잘 봐 주려고 해도 잘 봐 줄 수가 없었던 것이다. 영혼들을 저승으로 안내해 데리고 갈 때 아주 매몰차게 대했다. 저승사자는 법망, 쇠뭉치, 쇠사슬을 지니고 다닌다. 그리고 저승사자가 영혼에게 건네는 말이 "가자…"이다. 참으로 심플하고 간단한 단어인 '가자…'지만 국어사전을 찾아보았을 때 이것만큼 무섭고 두려운 단어는 존재하지 않을 듯싶다.

"어딜…. 어딜 가냐고…."
영혼이 체념하며 꺼져 들어가는 소리를 낸다. 하지만 이 상황에서도 저승에 안 가려고 버티며 도망가거나 하면서 조그마한 희망을 불태우는 영혼도 있었다. 그럴 때 저승사자는 상당히 익숙한 것처럼 자신의 자리를 이동하지도 아니하고 도망치는 영혼에게 법망(法網)을 펼쳤으며 금빛으로 찬란한 그 법망 그물로 '촤라락' 하고 잡은 후엔 아무 말도 하지 않고 쇠사슬로 칭칭 감은 다음 쇠뭉치로 내리치며 거의 질질 끌고 가다시피 저승으로 데려갔다. 진짜 그랬다. 저승사자에게 별명 하나를 붙인다면 냉혈한(冷血漢)이란 말이 잘 어울릴 거 같다. 내가 영안으로 본 저승사자 중에 인정을 베푼 저승사자는 못 보았다.

하지만 다르게 생각해 본다면 내가 후회 없는 인생, 밝고 빛나는 인생을 살다 간다면 저승사자가 온다 한들 무엇이 두렵겠는가! 오히려 영접(迎接)해서 먼 길을 잘 모시고 가지 않을까 한다.

그리고 영혼 중엔 이승에 대한 집착이 상당히 강하여 저항과 완력(腕力)이 대단히 극심한 경우도 있으므로 저승사자 2~3명이 한 팀을 이루고 다닐 때도 있었다. 혹시나 하는 돌발 상황에 대처하기 위해서이다. 팀을 이룰 때는 각자 역할을 나눠서 하기도 하였는데 이런 것들은 그때그때 상황에 잘 대처하기 위한 하나의 방편(方便)이었다. 이 외에도 팀을 이루는 경우는 역시 여러 이유가 있기도 하다. 한편 차원세계에서 지상계로 떨어진 것을 알아낸 사람들은 '내가 천상계에서 잘못을 하게 되어 지상계로 왔구나' 하고 남은 인생을 어떻게 살 것인가를 심사숙고(深思熟考)하게 된다. 그래서 도를 닦게 되고 나중에 죽게 되는 순간엔 저승사자 없이 맑고 가벼운 영혼이 되어 한줄기 빛처럼 홀연히(忽然, 뜻밖에 갑자기) 천상으로 올라가게 된다. 굳이 험상궂고 창백한 얼굴에다 섬뜩한 검은 도포를 입고 검은 갓을 쓴 저승사자를 상대하거나 볼 필요가 없는 것이었다.

14. 저승사자를 알아채는 동물

사람이 죽기 전에 저승사자가 미리 그 사람이 죽을 장소에 와서 대기하는 경우가 많다. 이때 저승사자 입장에서 문제가 되는 것이 바로 사람 집에서 키우는 개나 고양이이다. 닭이나 소, 염소, 돼지 등은 저승사자가 와도 그 기운을 느끼지 못하는 경우가 대부분인데 반해 개들 중의 약 30% 정도는 이상 반응을 하게 된다. 개라는 동물은 굉장히 뛰어난 직감력을 타고 난 것이다.

원래 하느님이 개를 만든 이유는 인간들이 자연계에서 너무 고생을 많이 하다 보니 개의 필요성을 느끼게 되었고 그래서 인간들의 옆에서 인간이 하지 못하는 부분들을 감당하며 살아가도록 하느님의 배려가 담겨 있는 선물을 인간에게 내려 주신 것이다. 다른 동물과는 창조의 목적이 다른 것이다. 다른 동물에 비해 유독 개가 사람과 친하고 충성심이 대단히 강하며 밤에는 잠도 안 자 가며 주인을 지켜 주는 이유는 하느님의 배려가 조용히 개에게 내포된 것이다. 다만 사람들이 그런 신의 뜻을 전혀 모를 뿐이다. 일단 여기서 살펴봐야 할 부분은 개가 바로 '주인을 지켜 준다'는 것이다.

또한 사람이 죽은 후에 저승에서 심판을 받은 후 개로 태어날 경우가 있을 수 있다. 그때는 인간으로 태어날 기회를 주는 것이다. 이번에도 역시 하느님의 배려가 개에게 담겨 있다. '한 번 실수는 병가지상사(兵家之常事)'라는 말처럼 지상계에서 못된 짓을 해서 대자연의 질서를 어지럽히고 사람들을 괴롭혔으니 개로 한 번 태어나서는 사람들 가까이에서 그들을 위로해 주고 봉사해 주며 잘 지내다가 기회가 되면 다시 인간으로 돌아올 수 있게 하려는 하느님의 위대한 배려인 것이다.

저승부에서는 이를 일컬어 '황금의 다리'라고도 한다. 진짜 그렇게 부른다. 내가 하는 말이 아니다.
개 입장에서는 황금의 다리가 될 수밖에 없다. 개로 태어난 이후 다시는 인간으로 못 올 줄 알았는데 기회를 받아 그것도 썩은 동아줄처럼 다 썩어서 오늘내일하는 그런 다리가 아니라 황금으로 만든 멋진 다리를 건너서 다시 인간계로 오게 되었으니 말이다.

사람들이 동물 중에서도 특히 개를 좋아하는 이유도 사람의 영혼 중엔 이미 하느님의 본성이 살아 숨 쉬고 있고 그 본성이 바로 개를 좋아하도록 하는 유인가가 되도록 하는 것이기도 하다. 또한 사람들이 강아지를 보면 이상하게도 친근감을 느끼기도 하는 이유가 전부 이 때문이다. 그리고 윤회를 해야 하는 입장의 개들 중에서는 영리하고 충성심이 강한 견종이 차후 인간으로 돌아올 확률이 높다고 본다. 내가 10여 유(類)의 견종(犬種)을 대상으로 영적 기운을 테스트해 본 결과 골든레트리버, 래브라도레트리버가 가장 높은 영적 에너지 기운을 보여 주었고 보더콜리가 그다음을 이었으며 다음으로 비글도 크게 떨어지지 않았다.

보더콜리는 개들 중 가장 영리하여 지능만 놓고 본다면 1순위로 알고 있었는데 영적인 기운에서는 3위였으며 동물 실험용으로 많이 활용되는 개가 비글인데 훌륭한 개를 실험용으로 쓴다는 게 참 안타깝다는 생각이 든다. 영적인 기운으로 본다면 서열 4위를 달리는데 말이다. 어쨌든 영적 에너지 기운이 나온다는 것이 의미하는 바는 이 네 종류의 개들이 견종들 중에서도 죽은 후에 인간으로 다시 태어날 확률이 굉장히 높다는 것이다.

만약 농장주가 저 개들을 잡아먹으면 윤회를 해서 사람으로 환생할 기회를 차단해 버리는 것이다. 그래선 안 된다. 지금 비록 개이지만 자신의 죄과를 다 치른 후에는 사람으로 다시 태어나서 그가 인생을 깊이 성찰하고 도를 닦아 나중엔 위대한 성자(聖者)가 되지 말란 법은 없으니까 말이다. 그건 모르는 일이다. 그런데 농장주한테 잡아먹힌 다음에 다시 태어나면 된다고? 아니다 그건 몰라서 그런 거다. 인연의 시기가 맞아 떨어져야 한다. 농장주가 잡아먹기 전에 순탄하게 죽은 후에 다시 태어나야 자기 자리를 찾아가는 것이다. 그리고 하늘에서는 개에게 분명 "잘 지내다가 오라"고 했는데 사람들이 개에게 물을 뿌린 후 전기 충격기로 잔인하게 죽인 다음 잡아먹어 버리면 어떻게 될까? 아무리 생각해 봐도 잘 지내다가 오는 것은 아닐 것이다.

혹시 개고기 먹고서 잘 살았다는 사람 보았는가? 감이 빠른 사람은 개고기 먹은 그날 밤에 바로 꿈자리가 뒤숭숭할 것이다. 내가 한 이야기들이 전부 거짓말이라고 생각되는가? 아니다. 내가 왜 쓸데없이 그런 이야기를 하겠는가? 나는 그런 사람이 아니다. 이런 것은 영안이 열리지 않으면 전혀 알지도 못하는 부분들이다. 선진국 어느 나라는 여성과 개를 사회적 약자라고 해서 먼저 배려해 주는 민족도 있다. 그런 민족은 정말 깨어 있는 민족이다. 뭔가를 알아차린 것이다. 개를 영어로 쓰면 'DOG, 멍멍이'가 되고. 거꾸로 쓰면 'GOD, 신(神)'이 되는 것도 그 나라에서 나온 것이다.

그러니 사람들이 생각하길 인간 밑에 동물들이 있고 어떤 동물들이 다른 동물들과 서로 평등할 거라 생각하고는 개도 동물이니까 닭처럼 평등하게 잡아먹어야겠다고 생각해서는 절대 안 된다는 것이다. 개를 다른 동물들과 같게 취급해서는 안 된다. 사람들 개개인이 각자 알아서 할 일이지만 참고가 되었으면 한다. 훌륭한 개가 있다 하더라도 녀석들을 아끼고 사랑하는 게 이처럼 쉽지가 않다.

그리고 닭, 오리, 거위들도 영적 에너지 테스트를 해 보았으나 영적 기운이 전혀 나오지가 않았다. 좀 의아스러웠다. 내가 듣기론 불교에서는 분명히 동물들 모두가 윤회의 대상이 된다고 하며 불교 신자들에게도 그렇게 알려 준다고 하였다. 이해가 가지 않는다. 나는 집 밖에서 청계닭, 오리, 거위들을 키우는데 내가 부화기로 전부 부화시킨 것들이다. 내가 실험 정신이 좀 있어서 유정란 달걀을 사다가 부화기에 넣어 부화를 시키는데 달걀을 깨서 껍데기를 제거한 채로도 달걀을 부화시켜 보기도 했다. 그런데 뜻밖에도 21일 후에 병아리가 살아 나온 것도 있었다.

우리가 달걀프라이 해 먹으려면 달걀을 깬 후 내용물인 노른자와 흰자위를 프라이팬에 넣고 껍데기를 따로 분리해 놓을 것이다. 그때 깬 내용물을 프라이팬에 넣지 않고 부화기에 넣는 것이다. 그냥 넣지 않고 투명 비닐에 싸서 부화기에 넣어 보았다. 그리고 비닐 속으로 공기가 통하게 해야 한다. 또한 달걀이 비닐에 고착되지 않도록 전란(轉卵)도 반드시 해 줘야 한다. 이렇게 해서 부화에 성공한 적이 있었다. 물론 부화기에 넣을 달걀은 꼭 부화용 달걀로 해야 한다.

오리 알과 거위 알은 껍데기를 제거한 후 부화를 시도해 보지 않았지만 달걀과 마찬 가지로 가능할 것이라 본다. 그래서 지금도 부화기에서 태어난 청계닭, 오리, 거위들을 집밖에서 키우고 있다. 그 녀석들을 데리고 영적 테스트를 다 거쳐 본 것이다. 몇 번이나 말이다.

그 외 소, 돼지는 집에 없어서 테스트를 해 보지 못하다가 시골 마을이라 축산 농가, 양돈 농가가 아주 많아서 나중에 기회가 되어 테스트를 시도해 보았지만 영적 기운이 전혀 나오지 않았다.

토끼를 시험해 보려고 시장에서 새끼를 여러 마리 사다가 한 달 정도 키웠는데 이틀 집을 비우고 먼 산에 가서 기도하고 온 사이에 고양이들이 위쪽 문을 열고 다 잡아먹어 버렸다. 망이 되어 있는 커다란 공간에 토끼를 키웠는데 옆문을 잘 닫아 놓고 마음 놓고 산에 갔으나 고양이가 옆문이 굳게 잠겨 있자 위로 올라가서 위 문을 열고 토끼를 잡아먹어 버렸다. 위쪽은 지면에서 거리가 좀 높아서 침입이 불가능할 거라 생각했는데 그게 아니었다. 한참 동안 어안이 벙벙해 말도 안 나왔다. 고양이들의 범행 장면이 CCTV에 낱낱이 찍혔다. 안 그랬다면 족제비가 잡아간 줄 알았을 것이다. 예전에 뱀 가족을 집으로 잔뜩 잡아들여 온 그 고양이 부부깡패 놈들이었다. 그래서 토끼는 테스트를 해 보지 못했다.

동물의 몸에 귀신이 붙는 수가 있다. 빙의된 경우인데 그런 경우도 영적 기운이 나오게 된다. 하지만 기운의 파장이 서로 다르다. 동물들 중에서도 특히 고양이에게 귀신이 많이 붙는다. 그때 고양이에게서 나오는 빙의된 영적 기운의 파장과 고양이가 원래 영체(靈體)를 가지고 있음으로 해서 나오는 영적 기운의 파장이 많이 다르다. 그건 내가 구별해 낼 수 있다. 그러니 동물에 귀신 붙어서 영적 기운이 나오는 거 아니냐고 내게 반문할 필요는 없어 보인다.

개와 마찬가지로 고양이도 영적 기운을 가지고 있다. 개는 상위 몇몇 견종의 영적 기운이 우세한 반면에 고양이는 내가 묘종(猫種)을 몰라 영적 테스트를 묘종별로 구별해서 시도해 보지는 않았으나 10마리 중 한두 마리는 미세한 영적 기운이 감지되었다. 개와 달리 많지는 않았다.

이렇게 영적 감각을 타고난 개들은 저승사자가 왔다는 직감력이 순식간에 일어나게 되고 갑자기 뛰쳐나가 아무도 없는 검은 공간을 향해 으르렁거리며 마구 짖어 대는 경우가 있다. 주인을 지키기 위해서이다. 주인을 지키려는 본능이 순식간에 나타난 것이다. 개는 저승사자가 이 집에 온 것이 반가운 손님이 아닌 것을 알아차리고 저승사자가 왔음을 안에 있는 사람들에게 알려 주는 것이다.
하지만 가족들은 그런 광경을 보고는 "우리 순둥이가 오늘따라 왜 저런다냐 할아버지가 편찮으셔서 속상해 죽겠는데…" 하고 고개를 갸웃할 것이다.

이러한 이야기는 영안(靈眼)으로 보지 않으면 사람들이 전혀 이해를 못 하는 부분들이다. 그래서 말 한마디 잘못했다가는 오해를 살 수가 있다. 지금도 이런 말을 하기가 참 난처하다. 사람들은 영혼의 존재를 거의 믿지 않는다. 100명 중에 3명 정도가 확실히 영혼의 존재를 믿는다고 본다면 지금도 '아직'이란 생각이 머릿속에 끊임없이 맴돈다. 하지만 앞으로 1,000년 뒤엔 지금과는 반대로 영혼의 존재를 믿는 사람이 97%이고 나머지 3%가 믿지 않는 시대가 올 것이다. 과학이 발달하고 기술이 발전하니 영혼의 존재도 점점 밝혀질 것이라 본다.

14억이 넘는 인구로 단연 세계 1위 국가인 중국. 중국인은 영혼의 존재를 믿는가를 조사한 통계를 내가 유심히 본 적이 있었다. 14억 인구의 단 10%만이 영혼의 존재를 믿으며 신의 존재를 믿는다고 하였다. 그런 걸 봤을 때 인간 세계가 아직도 때가 아닌가 보다 하고 여겨진다.

어쨌든 검은 형체를 보자 그렇게 마구 짖어 대는 개들을 저승사자는 그냥 내버려 둔다. 신장(神將)이자 저승사자인 자신을 인지하고 대책 없이 짖어 대는 것을 동물의 본성으로 이해하고 동물이 자기 직분을 다하는 것으로 바라볼 뿐이다. 그래서 눈에 띄지 않게 지니고 다니는 쇠뭉치로 때려죽이거나 하지는 않는다. 초상집에서 사람이 죽었는데 개도 급사해서 죽었다고 하는 이야기가 있는데 그건 저승사자가 쇠뭉치로 쳐서 죽인 것이 아니다. 저승사자와 아무 상관도 없다. 저승사자도 어느 개들은 죽은 후 얼마 후엔 사람으로 윤회한다는 그런 사실을 잘 알기 때문이다. 그래서 일체 대응하지 않고 조심스러우면서도 자연스럽게 개를 피해서 집 안으로 들어간다.

우리 사람이 부족하거나 미진한 부분은 이러한 자연계의 동물들을 잘 활용하면 많은 도움이 될 것이라 본다. 그리고 고양이는 개처럼 영물(靈物)이기도 하지만 요물(妖物)이기도 하여서 어떤 일로 인해서 고양이에게 욕을 한다거나 몽둥이를 휘두르며 괴롭히면 어떻게 하든지 복수를 한다. 요물이란 무엇인가? 간사하고 간악하며 요망스러운 것을 일컫는 말이다.

자연계의 생명체에서 착안하거나 모방한 발명품들

- '새'의 날개 → 비행기(라이트 형제)
- '박쥐'의 날개 → 비행 장치
- '사마귀'의 발 → 굴삭기
- '코끼리'의 코 → 소방차의 호스
- '캥거루'의 아기집 → 인큐베이팅 시스템
- '오리'의 물갈퀴 → 오리발
- '게코도마뱀'의 발바닥 → 접착테이프
- '거북이'의 등껍데기 → 장갑차, 거북선
- '게'의 집게 → 집게
- '문어'의 빨판 → 흡착기
- '상어'의 비늘 → 전신 수영복, 잠수함

옛날에 나는 집에 고양이를 많이 키웠다. 한번은 아래쪽 장롱 부분이 살짝 열려 있어서 닫았는데 뭔가가 꺼림칙하였다. 그렇게 살짝 열려 있는 걸 안 좋게 생각해서 꼭 닫는데 한두 번도 아니고 그런 일이 계속 일어났다. 그래서 그날은 바로 닫지 않고 한번 열어 보았다.

그리고 나서 뒤로 발라당 나뒹굴었다. 뱀들이 득실득실하고 똬리를 틀고 있었던 것이다. 알고 보니 고양이들이 뱀을 잡아다가 저장해 놓는 창고로 활용하고 있었던 것이다. 식량 창고로 쓰고 있었던 건데 내가 사무가 바쁘다 보니 신경을 못 써서 전혀 인지를 못 했던 것이다.

정말 화가 머리끝까지 나 버렸다. 특히 뱀은 내가 아주 두려워하고 싫어하는 건데 그것도 집 안 장롱 속에다 가져다 놓고 고양이 7마리가 출출하면 간식으로 먹고 있었던 것이다. 고양이 사료를 쌓아 두고 충분히 공급해 주었는데도 불구하고 이런 일이 발생했다. 우선 작대기로 뱀을 죽이려다가 이러지도 저러지도 못하고 밖으로 나와서는 고양이들을 찾아가서 몽둥이를 휘둘렀다. 평생에 그런 꿈을 꾼 적이 없었는데 근래 들어 뱀 꿈을 계속 꾸어서 너무 힘들어하고 있었는데 그 이유가 다 밝혀진 것이다.

몽둥이찜질 맛을 보여 주려고 몽둥이를 휘두르고 작대기를 집어 던졌지만 고양이들은 사태를 파악하고 저 멀리에 앉아서는 입맛만 다시고 있었다. 뱀을 만지지를 못하고 집게로 잡는 것도 자신이 없어서 못 하고 두려워했는데 마을 사람 어떤 이가 뱀탕 끓여 먹는다고 싹 다 잡아갔다. 그것도 맨손으로 말이다. 다행히 고양이가 주인을 깊이 생각해서인지 독사는 한 마리도 없다고 하였지만 분이 풀리지 않았다.

그런 어느 날 외출을 하려고 나가는데 저쪽 처마 쪽에서 계속 뭔가가 손짓을 하는 게 보였다. 혹시 뭐를 잘못 봤나 하고 가서 확인해 보려고 갔다가 또 뒤로 나뒹굴었다. 너무 놀란 것이다. 갑자기 고양이 두 마리가 확 나타나더니 서커스를 하듯이 처마에 거꾸로 대롱대롱 매달려서 '야옹야옹' 간드러지게 울부짖으며 번개같이 나를 할퀴려고 하는 것이었다. 하마터면 고양이 4개의 앞발에 얼굴에 상처를 입을 뻔했다. 누가 영화 속의 영춘권 무술을 고양이가 사용하리라 생각이나 했겠는가 말이다. 그것도 다리 2개가 아닌 4개가 말이다. 이 깡패 고양이 부부는 처마에 조용히 숨어 있다가 호기심 많은 나를 슬그머니 유인한 후 내가 다가가자 뒷다리를 처마에 걸치고는 박쥐처럼 포즈를 취하였으니 정말 기가 막혔다. 여러분 같으면 고양이가 처마 위에 숨죽이고 있다가 주인이 외출 나가는 것을 알고는 골탕 먹이려고 급작스럽게 '캬악' 하는데 안 놀랄 자신이 있는가?

안 당해 본 사람은 그걸 모른다. 나보고 속 좁은 인간이라고 너무 뭐라 하지 말았으면 한다. 나는 하느님의 성자(聖子) 나사렛 예수도 아니고 위대한 스승 석가모니 존자도 아니다. 우리 집 고양이는 요물 중에 요물이었던 것이다. 고양이 키우시는 분들은 잘 생각해 보기 바란다. 관리를 소홀히 하다간 나처럼 당하는 수가 있다. 산은 산이고 물은 물이며 사람은 사람이고 고양이는 고양이다. 사람은 사람다워야 하고 고양이는 고양이다워야 하느니라. 고양이들은 대오각성하고 두 번 다시 이런 일이 발생하지 않도록 각별히 유의하기 바란다. 너희들 가는 길에 오점(汚點)을 남기지 않도록 말이다.

15. 물가에 있던 아이와 가짜 저승사자

여름엔 계곡에 자주 가곤 한다. 크지 않고 작으면서도 조용한 계곡에서 사색할 수 있는 곳을 찾아가다 보면 그곳도 이미 항상 사람들로 북적인다. 자녀를 키우는 사람들은 텐트를 쳐 놓고 수박을 먹으면서 또는 고기를 구워 먹으면서 아이들과 즐거운 시간을 보내게 되는 것을 많이 본다. 이때 주의할 것은 아이들이다. 눈 깜짝할 사이에 사라져 버린다. 만약 사라진 곳이 물속이라면 큰일 난다고 봐야 한다. 대체로 우리가 알고 있는 물은 매우 고마운 존재로 알지만 막상 물들끼리 길게 연결되어 있다면 위험하다는 인식을 갖는 것이 좋다. 지금 내가 텐트를 쳐 놓고 있는 곳이 계곡 옆이므로 분명이 물가 옆일 것이고 어른 기준으로 본다면 그렇게 깊지도 않지만 아이들 입장에서는 또 다른 것이다. 계곡물은 물들끼리 연결되어 있어서 만약 지금 있는 곳이 익사 사고가 한 번도 난 적이 없는 곳이라도 잘 살펴볼 필요가 있다.

내가 있는 곳 물줄기가 저쪽 아래쪽으로 반드시 연결되어 있을 것이고 거기에서 그전에 익사 사고가 나서 사람이 죽은 곳이라면 상황이 달라진다. 사람들은 자기가 있는 곳은 괜찮을 것이라고 생각할 것이다. 아니다. 그렇지 않다. 사람 죽은 곳은 대체로 지기(地氣)가 강하고 사람을 끌어들이는 보이지 않는 에너지를 방출한다. 거기다 그곳에서 사람까지 죽어 버린 곳이면 앞으로도 사람들을 끌어들일 계획을 갖고 있다는 것이다. 그런데 그 계획이 실현되지 않으면 물을 타고 다른 곳으로 이동을 한다. 그때는 특히 애들 위주로 노리게 된다.

내가 도착한 지 얼마 되지 않아 잠시 쉬면서 주변 정리를 하고 있는 사이에 사람들이 소리치고 난리가 났다. 나는 처음에 술 파티를 크게 하는 줄 알고 개의치 않았는데 그게 아닌 거 같았다. 사람들이 그쪽으로 달려가는 소리, 여기저기 비명 지르는 소리, 정말이지 주변이 갈수록 이상하게 돌아갔다. 무슨 문제가 발생했구나 하며 하던 것을 멈추고 그쪽으로 가는 와중에 울음소리가 터져 나왔고, 곡하는 소리까지 들렸다. 주위를 사람들이 에워싸고 있어 여기보다는 다리 위쪽에서 상황을 보는 편이 나을 거 같아 그쪽으로 올라가서 보기로 하고 서둘러 다리 위쪽 경사진 흙길을 타고 올라갔다.

다리 위에서 바라보니 잘 보였다. 사람이 죽은 것이었다. 10살도 채 안 된 여자아이가 죽은 것이다. 계곡 물속으로 들어갔다가 순식간에 익사해 버린 듯했다. 어쩌다 이런 일이 난 걸까? 이곳은 한 번도 사람이 죽은 적이 없다. 물론 물이 깊은 곳도 채 1m도 안 된다. 그런 물속에서 죽은 이유는 어딘가에서 이곳까지 찾아온 물속의 귀신이 있기 때문이다. 하류 쪽에서 찾아온 모양이다. 한숨이 나왔다. 대체 10살 전후 아이가 물속에서 놀도록 부모는 무엇을 했단 말인가? 정말이지 한심하다는 생각에 나 자신도 어찌해야 될지 몰랐다. 이곳을 어서 피하고 싶었다. 아주 먼 다른 곳으로 가려고 말이다. 물귀신 중엔 특이한 귀신도 있어 물만 연결되어 있으면 물을 타고 돌아다닌다. 대체로 원래 자리에서 100m 내지 200m까지는 이동한다고 보아야 한다. 꽤 긴 거리다. 사람을 물속으로 불러들여 죽인 다음 같이 놀려고 말이다. 혼자 있다 죽었으니 같이 있어 줄 혼령이 필요하다. 죽은 귀신은 지능이 5살 전후로 후퇴된다. 단순해지는 것이다. 죄책감도 없다. 만약 천수를 누리고 저승으로 돌아갔더라면 이 10살 여자아이는 지금 죽지 않았을 것이다.

아이를 데리고 간 영혼 귀신은 하류 쪽 깊은 곳에서 자살한 귀신이었다. 그 자살 귀신은 저승 명부(名簿)에는 아직 저승으로 돌아올 차례가 안 되었으니 저승사자가 가지고 다니는 수첩 명부에도 역시 이름이 등재되어 있지 않았던 것이다. 자살을 했기 때문이다. 물속으로 뛰어들어 자살을 하는 순간 물귀신이 되어 버린다. 자살자 처리를 저승계에서는 자살한 날 기준으로 저승사자를 보내지 아니하고 원래 수명으로 등재된 날 기준으로 저승사자를 보내 온다. 나는 중천계에서 이렇게 처리하는 것이 부당하다고 본다. 해마다 사람 죽은 곳에서 또다시 사람이 죽어나가는 일이 정말이지 끊이질 않는다. 물속에서만 그런 게 아니다. 급작스럽게 사고가 나서 사람이 죽을 경우에도 원래 수명으로 등재된 날로 기준 삼기 때문에 교통사고 난 곳에서 계속 교통사고가 나서 사람이 죽는다. 사람들은 교통체계가 문제라고 하지만 그건 사람들 눈에 보이는 것만 생각하니까 그런 거고 보이지 않는 공간 세계까지 살펴봐야 알 수 있는 것들이 존재하고 있는 것이다.

요즘 영혼의 존재를 믿는 사람들이 거의 없다시피 하고 설사 존재를 믿는다고 쳐도 그것은 장차 천년의 세월이 필요할 것이다. 지금 내가 거주하고 있는 태산북두 이 산골에도 주변에 마을 사람들이 살고 있지만 그중 나이 드신 분들 대부분은 죽은 후의 사후세계라든가 영혼의 존재 등에 전혀 관심도 없다. 그건 있다. 못자리. 자기가 죽으면 어디에 묻힐 것인지, 그 터가 명당인지 아닌지, 죽을 때 수의는 무엇을 입을 것인지 등등이다. 그리고는 거기서 딱 멈췄다. 육신을 벗어 버리고 떠나면 두 번 다시 안 올 건데 무슨 그런 걸 붙잡고 대단한 것처럼 하고 있으니 참으로 할 말이 없다. 힘들여 이야기해 주면 무슨 딴 말씀들을 한다. 그래서 나만 정상이 아닌 것이 된다.

그런 면에서는 도시에 사는 사람들이 그나마 나은 편이 아닐까 한다. 원래 한국 이 국토가 신성국(神聖國) 터전인데 왜 이리 된 걸까? 영매라고 할 수도 있는 무속인들도 다른 나라와는 비교가 안 될 정도로 상당히 많은 편이고 도 닦기 딱 좋은 너무 높지도 낮지도 않은 조건의 산지가 국토의 70%가 되는데 어찌 이리 되었을까? 왜 사람들은 눈에 보이는 것만 인정하고 눈에 안 보이는 것은 무시하는 걸까? 늘 고민이다.

모처럼 한번 계곡을 찾아왔다가 비참한 광경을 목격하고는 산속으로 다시 돌아가려고 차 주변을 둘러보려고 내려가려는 찰나 맞은편 다리 쪽에서 사람 한 명이 다리 위에 쭈그리고 앉아서 무언가를 하고 있는 게 보였다. 뭔가 석연치가 않았다. 먼 거리가 아니니 잠깐 둘러보고 가자고 한번 천천히 다가가 보았다. 순간 내 눈을 의심했다. 어떤 여자애 하나가 혼자서 소꿉장난을 하고 있었던 것이었다. 옷이 물에 흠뻑 젖어 있었다. 내가 옆으로 다가가자 고개를 서서히 돌려 나를 바라보았다. 그 애와 내가 서로 마주 본 순간 난 몸이 경직되었다. 다리 밑에서 죽은 아이의 영혼이었던 것이다.
"엄마, 아빠는 어디 있어요?"
그 애가 나한테 먼저 말을 걸어왔다. 나는 순간 넋이 나가 말이 안 나왔다. '저승사자가 안 데리고 갈 모양이구나. 뭐라고 말을 해야 하나…'
"얘야, 아저씨가 보이니?"
"…"
아무 대답이 없었다. 내가 질문을 잘못 한 거 같다. 나도 참.
"춥지는 않니?"
"…"
역시 대답이 없었다. 춥냐 더우냐가 문제가 아니고 이 아이 입장에서는 자기가 죽은 걸 모르는 것이 분명해 보였다. '뭐라고 말해야 하지?' 영안이 열리고부터 이런 일이 자주 있었다. 인간으로서는 보지 말아야 할, 신이 차단시켜 버린 세계를 도를 닦다 보니 어느 정도 수준이 올라가게 되고 그 수준이 일정한 단계에 오르자 영안이 생긴 것이다. 영안이 열릴 때 태어나서 그렇게 좋았던 적이 없었다. 하지만 좋은 점도 있지만 이런 일도 겪게 되었다. 피할 수는 없었던 것이다.
"있잖아, 아저씨가 말이지…."

잠시 침묵이 흐르고 그 아이가 고개를 떨구었다. 그리고 무서운 직감력이 작용했다. 누군가 다가오는구나…. 식은땀이 등 뒤로 쫙 흘렀다. 고개를 들어 저쪽을 바라보니 검정 두루마리에 검정 갓을 쓴 자가 다가오는 것이었다. 저승사자구나…. 입에서 신음 소리가 절로 나왔다. '왜 왔지? 오지 않아야 정상 아닌가?' 하지만 속히 이 자리를 피해야 했다. 살아 있는 사람이 영혼들 옆에 있으면 좋을 게 하나도 없을 뿐만 아니라 괜히 저승사자까지 만나서 그의 기억에 내가 남아 있게 되면 앞으로의 활동에도 지장을 받을 것이고 그들의 인식 대상이 될 뿐만 아니라 나중엔 어떠한 일로 그럴지는 모르겠지만 독대(獨對)해야 할 날이 올지도 모른다.

이쪽으로 올라오는 이유가 아마도 아이가 죽었는데 그 자리에 없으니 찾으러 다니는 모양이었다. 곧 이곳에 도착할 것이다. 나는 아이 영혼에게 도움 되는 말을 하나도 못 해 주고 그냥 돌아섰다. 아니….

사실은 도망친 것이었다. 시간이 없었다. 저승사자는 나를 알아볼 것이다. 창이 짧은 밀짚모자를 쓰고 왔었는데 혹시나 저승사자가 내 모습 자체를 기억할까 봐 돌아오다가 모자를 조각낸 후 땅을 파고 깊숙이 묻었다. 마음 아픈 하루였다. 그나마 다행이라면 아이가 지박령이 될까 봐 걱정했는데 저승사자가 데리러 왔으니 그 이후 문제는 없어 보였다.

그런데 차를 몰아 1시간 20분 거리의 집으로 돌아오면서 조금씩 의심스러운 정황 몇 개가 머릿속에 계속 떠올랐다. 그 생각이 불편해서 지우려고 했지만 끊임이 없었다. '그게 진짜 저승사자가 맞았을까' 하는 의구심 말이다. '만약 아니라면? 멀리서 지켜보고 올 걸 잘못했나…. 만약 그 물체가 나를 이미 의식해서 저승사자 복장을 한 것은 아닐까?' 하는 생각도 들었다. 충분히 그럴 가능성이 없다고 볼 수도 없었다. 왜냐하면 나에게 보란 듯이 한 행동으로 보였고 그것이 너무나 자연스러웠기 때문이었다. 연출 같다는 느낌이 당시는 안 들었지만 밀짚모자를 땅속에 깊이 파묻고 한숨 돌리고 나면서부터 뭔가 석연치가 않았다.

그리고 약간은 먼 거리에서 저승사자 뒷모습만 본 것도 문제였다. 그랬다. 내가 계곡 주변에 도착해서 약간의 짐을 풀고 주위를 자세히 살펴볼 때 사실 하류 쪽에서 어떤 영(靈)의 기운이 올라오고 있음을 느끼고 있었다. 배고픈 물귀신이었는지 아닌지 또는 그게 뭔지

나는 그것까지는 볼 줄 모른다. 하지만 안다. 아주 안 좋은 탁한 기운이라는 것을. '뭔가를 얻으려고 돌아다니는구나…. 음식 아닐까? 배고파서 말이다….' 거기까지가 내가 볼 줄 아는 수준인 것이었다. 그 이상은 능력이 안 되어 자세히는 모른다.

아마 마하선사(摩訶禪師) 등은 곧바로 알아낼 수 있었을 것이다. 하지만 나는 마하선사도 오악도인도 아니다. 그래서 깊이 있게는 잘 모른다. 참말로 법력(法力)의 부족함을 뼈저리게 느낀다. 항상 그게 문제였다. 내가 영안을 뻗쳐 저승계로 들어가기는 하지만 저승계의 아주 중요한 비밀이라든가 중요하지는 않더라도 도력이 더 높아야만 알 수 있게 해 놓은 것들은 몇 번을 가 봐도 볼 수가 없게 해 놓았다. 영안이 열린 사람들이 와서 보고 가는 것은 허락하지만 등급을 정해 놓은 것이다.

문자 그대로 요지부동(搖之不動)이었다. 둘러보다가 그냥 돌아오고 만다. 그게 한두 번이 아니다. 저승사자의 실수로 엉뚱한 사람을 저승으로 데려가는 경우가 많지만 저승부의 각 상황에 따른 차단 수준은 거의 완벽에 가깝다고 본다. 그거 하나는 확실히 한다. 도력이 낮은 나 같은 자는 깊이 있게 보지 못하게 해 놓았고 도력이 높은 사람에게는 그 높은 만큼 허용을 하는 것 말이다. 그러니 어떤 것을 자세히 알아보려는 내 입장에서는 정말이지 답답하기만 하다. 어서 도를 더 닦아서 그 안의 내용까지 자세히 보고 싶은데 어쩔 수가 없다.

태산북두를 열고 상담 업무를 하면서부터는 도를 닦는 시간이 확 줄어들어 버렸기 때문이다. 그리고 나는 그날 여자아이를 만나지 말았어야 했다. 아니 그곳에 가지 말았어야 했다. 언젠가 말할 날이 올 수 있었으면 한다. 그날 나의 뼈저린 실수를…. '미안하구나, 아이야….'

16. 닭 피, 퇴마 주문 그리고 저승사자

죽은 사람의 혼령을 저승으로 데려가기 위해 이승을 향해 점점 다가오는 저승사자에게 우리는 그냥 속절없이 당해야만 하는 걸까? 어쩌다 우리 인간이 이렇게 힘없는 존재가 되었단 말인가? 옛날부터 우리 조상들은 저승사자가 오게 되면 별별 방법을 다 동원해 보았다. 그를 저지하기 위해서 말이다. 하지만 별로 통하는 것이 없었다. 망자가 조용히 저승사자를 따라가게 하면 될 것을 살아 있는 사람들이 저승사자를 막는다고 저지법(沮止法)을 행(行)한다고 하다가 실패하니 오히려 그것 때문에 까닭 없는 영혼이 저승사자에게 엄청 얻어맞고 삼도천까지 질질 끌려가다시피 하였다.

저승사자를 못 오게 하려는 방법 중 하나가 닭 피를 저승사자가 오는 길목에 뿌려 놓고 저지 주문을 외우는 것이 있었다. 옛날 사람들은 동물 중에 왜 닭을 선택했을까? 저승사자를 알아보는 동물 중에 개와 고양이가 있는데 개와 고양이는 저승사자를 쫓아내지는 못한다. 그러다 보니 개, 고양이로는 안 되겠으니 다른 어떤 동물이라도 이용해서 저승사자를 저지하고 싶었는데 그때 동원된 동물이 바로 닭인 것이다. 닭은 개, 고양이와 달리 저승사자를 쫓아내는 능력을 지닌 것으로 알려졌기 때문이다. 하지만 그런 내용은 사실이 아니다. 일반 사람들이 몰라서 그렇게 하는 것이다. 나는 '저승사자를 알아채는 동물' 편에서 닭이나 소, 염소, 돼지 등은 저승사자가 와도 그 기운을 느끼지 못하는 경우가 대부분이라고 말하였다. 다만 저승사자가 아닌 어느 특수한 부분에서 귀신을 쫓는 용도로는 효험을 볼 수가 있다. 하지만 그런 분야의 귀신이 아니라면 저승사자와 닭 피는 서로 무관하다고 본다.

부적에 닭 피가 사용되기도 한다. 경면주사를 많이 사용하지만 효험 면에서는 닭 피가 단연 최고였던 것이다. 지금도 무속인 중에는 부적을 그릴 때 닭 피를 사용하는 사람이 가끔 있다. 그런데 이런 닭 피를 줄줄이 사방에 뿌려 놓고 귀신 쫓는 경문을 여기저기서 마구 외고 있으니 저승사자가 어떻게 생각했을까? 이 책 '프롤로그'에도 언급했듯이 저승사자는 신장 급으로 지위가 높다. 군대로 말할 것 같으면 군 장성 급(將星 級)인 것이다.

신장(神將)들 중엔 술을 좋아하는 신장들이 아주 많다. 조선의 산신령(山神靈)이 특히 술과 고기를 아주 좋아해서 무속인이 산에서 기도할 때 산신령께 술과 돼지고기 한 마리를 통째로 갖다 바치고 정성을 다해서 "신령님 신령님, 영험한 신령님…" 하면서 빌기 시작하면 산신령이 "어험 어험. 그거 참…" 위엄(威嚴)을 부리면서 술과 고기를 맛있게 잡수었다. 만약에 산신령이 음식에 입 한 번 안 댄 경우라면 기도하는 사람의 기원을 들어줘도 그만 안 들어줘도 그만인 것이다. 하지만 먹었으니 보답을 안 해 줄 수가 없었다. 이것은 보이지 않는 대자연의 계약(契約)이었던 것이다. 무속인이 영발(靈發)이 떨어져서 점사(占辭)가 안 맞을 때 산에 가서 기도하며 산신령께 이런 방법을 사용한 것이었다. 그래서 충전된 신발(神發)로 무장하고 산에서 내려오게 되면 그때부터는 점사가 다시 효험을 발휘했다. 그런데 사람들은 저승사자에게는 산신령에게 행한 것과 같이 대접을 융숭하게 하지 아니하고 닭 피와 주술을 이용하여 오히려 쫓으려고 한 것이었다. 산신령의 경우와는 완전히 반대로 말이다.

산신령과 저승사자는 모두 신장 급(神將 級)이다. 하지만 산신령과는 달리 저승사자는 사람들에게 두려움의 대상이었던 것이다. 오죽했으면 삼천갑자 동방삭도 저승사자의 눈을 피해 이리저리 도망 다녔겠는가? 게다가 사람들이 자주 닭 피를 사용하고 귀신 쫓는 주문을 외운 까닭은 죽은 자가 갑자기 눈을 번쩍 뜨며 무슨 말을 하려고 하다가 하지 못하고 저승으로 갔기 때문이다. 사람들은 무슨 말인지 알아들을 수 없었고 죽은 사람이 일단은 눈을 뜨고 잠깐 살아났으니 닭 피와 주술이 효험이 있는 것으로 착각한 것이었다.

사실은 그 반대여서 죽은 사람이 지금 저승사자의 행패(行悖)가 이루 말할 수 없으니 닭 피를 모두 거두고 주문을 외지 말 것을 말하려다 못 하고 죽은 것이었다. 오죽했으면 죽은 자가 다시 눈을 번쩍 떴겠는가? 기가 막힌 일이다. 이처럼 서로 의사소통이 안 된 안타까운 일이 자주 일어났다. 이렇게 소통은 눈 감은 자와 눈 뜬 자 사이에도 매우 중요한 것이었다. 나중에 이를 알아낸 도인도사들이 함부로 닭 피를 뿌리지 말라 하고 저지 주문을 독경하지 않도록 사람들에게 말해 줌으로써 점점 그런 일은 사문화(死文化)되었다.

어느 날 동네 사람 한명이 아버지가 89세로 돌아갔다며 49제가 끝나고 나를 찾아왔다. 자기가 평소에 태산북두 점집을 특히 펄럭이는 시커먼 저 9개 깃발들을 항상 꺼림칙하게 여겨서 정말 마음에 안 들었다고 했다. 그리고는 잠시 말을 멈추고 무언가를 쳐다보다가 곧 손가락을 가리켜 정자 옆에 세워 둔 게 뭐냐고 내게 물어 보았다.
"그건 제가 가끔 산책할 때 쓰는 겁니다."
"뭔데요. 작대기는 아닌 거 같고…."
"뭐 별거 아닙니다."
"말씀해 보세요. 그것 참."
"지팡이에요, 지팡이."
"지팡이요? 거참 신기하게 생겼네. 꼭 산신령 지팡이같이 생겼네요."
"산신령 지팡이 맞습니다. 제가 가끔씩 사용하고 있어요."
"아 그래요? 만져 봐도 되나요?"
"상관없습니다."
그러자 그는 신이 나서 정자(亭子) 쪽으로 가서는 만져 보고 휘둘러

보고 짚어도 보았다.

"이거 진짜 산신령 지팡이 맞나요?"

"예. 진짜 산신령 거 맞아요."

"야…. 근데 조금 무겁네요."

"그럴 겁니다. 우리나라에서 나온 게 아니에요."

"그래요? 어디서 난 건데요?"

"중국에서 가져온 겁니다. 중국 소림사에서요."

"뭐요? 소림사요?"

"예. 사실입니다."

"공항으로 가지고 나올 수 있나요? 한국 공항으로."

"그쪽이 아니라 국제 택배로 가져왔습니다."

"소림사는 이런 거 안 쓰지 않나요? 산신령 지팡이인데?"

나는 그 말을 듣자 잠깐 소림사에서 있었던 일이 머리에 떠올랐다. 내가 중국 정주에 있는 소림사에서 그것을 얻어 오게 된 까닭이 있었던 것이다.

"그런데 무슨 일로 오셨는지요?"

그제야 그는 지팡이를 휘둘러보다가 제자리에 놓고는 다시 말하기 시작했다. 내가 있는 태산북두에 찾아오게 된 건 자기 아버지가 돌아가기 보름 전부터 저승사자가 찾아왔다고 자기에게 수시로 말했다는 것이었다. 하도 그렇게 말씀하시니 자기 아버지에게 "아버지 저승사자가 있겠어요? 몸이 허해서 그런 거니 헛것을 본 거예요. 어서 털고 일어나셔야지요" 하며 걱정 어린 눈으로 아버지를 바라보았다.

하지만 그의 아버지가 다 죽어 가는 목소리로 말했다. "너 같으면 죽어 가는 마당에 거짓말을 할 거 같으냐?"
"그럼 저승사자가 귀신처럼 생겼나요?"
아들은 웃으며, 자기 아버지가 그런 거에 신경 안 쓰길 바라고 매번 "저승사자가 자기를 기다리고 있다"고 하기에 죽음이 두려워 그러는 줄 알고 용기를 실어 주려고 한 말이었다. 웃어야 할 상황인지는 모르겠지만 아예 정색을 한 그의 아버지가 "내가 평생 동안 귀신 얘기 한 번 한 적 있더냐?" 하셨다고 한다.
그러고 보니 평상시 한 번도 그런 이야기를 들어본 적이 없었다.
"그럼 그놈아가 어떻게 생겼는데요? 전설의 고향에 나오는 것처럼 생겼을까요?"
망설이던 그의 아버지는 "못 믿겠지만 정말 똑같이 생겼구나. 정말이지 다들 안 믿을 게야…"
그의 아버지는 돌아가는 와중에서도 "얼굴은 창백하고 하얗다. 밀가루처럼…" 중얼거렸다.
"정말 그런 게 있어요?"
"그래. 특히 검은 입술이 눈에 띄게 무서워. 마치 죽은 사람처럼 있지…. 그 시체 입술 같아…."
아들은 이 얘기를 계속 들어야 하나 말아야 하나 긴 한숨을 쉬고 있었다. 지금 그는 밖에 나가서 일을 해야 했다. 내가 있는 이곳 주변은 딸기 농사를 짓는 사람들이 많아서 딸기 수확할 때 많이들 바빴다. 때가 그때인 것이다. 밖에 나가려는 그의 아버지가 아들의 한 손을 꼬옥 잡았다.

"얘야, 그렇게 검은 입술에 키는 매우 크고 눈매가 매섭게 생겼어…."
아들은 나가려다 잠시 아버지를 바라보고 있었다.
"검은 두루마리 알지? 그 검은 두루마리 위에 검은 갓을 쓰고 나를 찾아왔단다. 저기 창문을 통해서 처음 봤지…. 나를 쳐다보고 있었어."
묵묵히 듣고 있던 아들이 마침내 입을 열었다.
"아버지 푸닥거리 한 번 할까요? 덕구네 집이 푸닥거리해서…."
"하지 마라. 그거 하지 마라. 무당까지 죽일 셈이냐?"
"하지만…."
"아냐. 그리고 더 들어다오. 저승사자가 사람처럼 몸을 자유자재로 움직이지는 않더구나…. 그렇지. 몸의 움직임을 최대한 자제하며 떠서 다닌다고 해야 하나."
"그래요? 아…. 예."
"다리가 위로 약간 뜬 상태였는데 다리 밑에 하얀 안개 같은 것 때문에 얼마나 뜬 건지는 알 수가 없었단다…."
"알겠습니다…."
"뜬 건 확실한 거 같아…. 안개를 달고 다니는 모양이야…."
"…."
그러고 그의 아버지는 얼마 후 돌아갔다고 한다.

나는 그의 이야기를 다 듣고 나서 "그런데 저를 왜 찾아오셨나요?" 하고 의아하게 생각하며 물었다. 그런 이야기를 굳이 내게 찾아와서 왜 하는지를 잘 몰랐던 것이다.

"궁금해서요. 아버지가 그런 거 모르시는 분이거든요. 신앙생활도 전혀 안 하시고. 왜 그런 말씀을 하고 가셨나 모르겠네요…. 혹시 태산북두는 알고 있나 해서요…."

'이곳 마을 사람들은 내 이름조차도 모르는구나….'

"가만있어 보자…. 내 명함이 어디 있더라? 여기 제 명함이 있습니다."

명함을 건네주고 나서 물었다.

"평소에 선업을 쌓았으면 쌓은 대로 갈 것이고 악업을 쌓았으면 마찬가지로 쌓은 대로 갈 겁니다."

"뭐라고요? 쌓은 대로 간다고요?"

"아 그러니까…. 저승사자는 단지 염라대왕의 심부름꾼이니 그런 거 신경 쓰지 마세요."

그는 내 말을 가만히 듣고 있었다. 그러다가 말이 없이 뭔가 생각하는 듯했다.

"그래도…. 아버지가 그러고 돌아가셔서 영 찝찝하기도 하고…."

"좋은 데 가셨을 겁니다."

"좋은 데요?"

"그래요. 좋은 데…."

그를 돌려보내고 나서 사람들이 너무 저승세계를 모른다는 생각이 계속 들었다. 한국인이 원래 영성이 풍부한 민족인데 대체 왜 이리

되었을까? 그날은 부적을 만들다가 마을 사람이 찾아오는 바람에 더 이상 진행하지 않았다. 부적의 기원은 옛날에 처용(處容)이 그의 아내를 범한 악한 귀신을 노래 부르고 춤을 춤으로써 감복시키자 악귀가 '처용의 화상(畵像)을 그려서 문에 붙인 곳에는 절대로 들어가지 않겠다'고 약속을 하고 사라지자 사람들이 처용 그림을 문에 붙이면서 시작되었다고 한다. 하지만 이설(異說)도 분분하다.

부적을 그릴 때는 명상을 하고 경건한 마음으로 기도하며 이 부적이 중생을 구제한다는 강한 신념으로 온 힘을 기울여야 효험이 있게 된다. 성의 없고 공을 들이지 않으면 아무런 효험이 없다. 그래서 나는 하루에 많아야 한 장밖에 못 그린다. 부적을 그리고 나면 에너지가 부적으로 옮겨 가서 많은 피곤함을 느끼게 되므로 그런 것이다. 그런 영적인 부적을 대충 만든다면 귀신들도 처음엔 부적을 보고 놀라다가 효험이 없는 것을 알고는 깔깔거리고 손가락질하며 웃어 버린다. 그리고는 그 부적을 가볍게 밟고 넘어간다. 부적은 그것을 그린 사람의 기운이 들어가게 되고 그 기운과 내가 연결되는 매개체가 된다. 그러므로 악한 귀신들이 부적을 침범하게 되면 나도 굉장히 몸이 아프고 어지럽고 혼란을 느끼게 된다. 하지만 만약 부적의 기운과 효험이 만료되어 버린 후에는 그 부적을 악귀가 가지고 논다고 해도 나는 전혀 상관이 없게 되는 것이다.

북쪽 하늘을 바라보니 먹구름이 잔뜩 끼기 시작한다. 조만간 비가 오려나 보다.

17. 저승사자에게 밥상을 차리다

망자(亡者)를 데리러 온 저승사자를 대접하기 위한 상을 사자상(使者床)이라고 한다. 망자가 편하게 저승으로 갈 수 있도록 저승자사를 대접하는 것이다. 옛날 사람들은 저승사자를 세 명이라고 믿어 일반적으로 밥 세 그릇, 짚신 세 켤레, 동전 세 닢과 술 석 잔을 차린다. 밥 세 그릇은 저승사자 세 명이 먼 길을 떠날 것이니 드시고 가라고, 짚신 세 켤레는 저승사자가 가는 길에 갈아 신으라고, 동전 세 닢은 가는 길에 노잣돈으로 사용하라고, 마지막 술 석 잔은 신장들이 술을 좋아하니 서비스로 밥상에 놓았던 것이다. 한국인은 원래가 서비스 정신이 투철하고 다른 사람한테 베푸는 것을 좋아했다.

사자상은 마당, 대문 앞 등 주변에 놓는다. 때로는 사자상에 올리는 짚신의 뒤축을 잘라 놓기도 했다. 이는 망자를 데리고 가는 저승사자의 발걸음을 늦추고 싶은 마음을 표현한 것이다.

여기서 주목할 것은 술이다. 옛날 사람들은 저승 신장들이 술을 좋아한다는 것을 알아내었다. 그래서 사자상 외에 옆에다 따로 술상을 거하게 차려 내놓는 곳도 있었다. 저승사자들이 술을 마시고 흥겨우면 계속 한 잔 두 잔 마실 것이고 그러면 죽은 망자가 이승에 남아 있을 시간이 좀 더 길어질 것이기 때문이다. 사람들은 저승사자가 세 명이 다닌다고 알고 있는데 그런 경우는 드물고 보통은 한 명이서 다니는 경우가 많았다. 그리고 저승사자가 저승 명부에 있는 망자를 데리고 가려고 하면 한두 달 전부터 미리 망자가 있는 곳으로 가서 현장 답사를 하곤 한다. 실수를 줄이려는 것이다.

자기가 데려갈 김지현이란 여자가 다른 김지현은 아닌지 살펴보는 것이다. 나이가 같고 같은 직업에 종사할 뿐만 아니라 여러 가지가 일치하는 경우가 많다 보니 저승사자도 실수를 하게 되기 때문이다. 그래서 이렇게 미리 현장 답사를 한다면 실수를 미연에 방지하는 효과가 있었다. 죽기 전에 와서 살펴보는 것인데 이때 죽어 가는 사람이 저승사자를 보는 경우가 많았다. 아마 그런 얘기 많이 들어봤을 것이다. 죽기 며칠 전에 저승사자가 나타났다고 놀라는 경우 말이다. 이처럼 저승사자를 보고 나서 바로 죽지 아니하고 어느 정도 시간이 흐르고 나서 죽게 되는 경우도 있는 것이다. 저승사자가 미리 와서 살펴보는 것인데 이때는 주변까지 자세히 살펴보고 간다. 2층집 할아버지가 저승사자 수첩 명부에 있다면 1층집, 3층집 또는 2층집 가까운 주변에 사는 사람들이 저승사자를 보는 경우가 있을 것이다. 이런 일이 실제로 많다.

그럼 저승사자가 미리 현장 답사를 하는 것은 단순히 실수를 줄이기 위한 것일까? 사람이 사는 곳엔 사람만 살지 않고 여러 잡신이 섞여 있는 경우가 자주 있었다. 인류 역사가 열린 이래로 얼마나 많은 사람이 이 지구별에서 살다가 생을 마쳤겠는가? 그 집터에서 원래 살던 요정도 있을 것이고 아니면 요괴도 있을 수 있다. 또 아니면 공동묘지 터도 있을 것인데 사람이 사는 곳 치고 공동묘지 아닌 곳이라고 누가 장담할 수 있을까? 아니라고 부정하기보다는 그냥 신경 쓰지 않고 사는 것이 속이 편할 것이다. 그렇지만 저승사자는 영안을 가지고 있어 집터 영혼 귀신을 알아본다. 사실 저승사자만 그런 혼령들을 알아볼 수 있는 것이 아니라 집터 귀신들도 저승사자를 알아본다. 저승사자가 죽은 사람을 데려가려고 왔는데 기존에 그 터에서 또는 그 주위, 주변 터에 귀신들이 살고 있다면 아주 난리가 난다. 저승사자가 자기들 잡아 오려고 하는 줄 알고 기겁을 하게 되고 요동을 치게 된다.

감(感)이 센 사람은 죽기 전에 아주 멀리에서 저승사자가 오는 것을 희미하게나마 알지만 그 외에 이상한 현상도 목격한다. 갑자기 그릇이 떨어져 내린다거나 어떤 물건이 이쪽에 있다가 저쪽으로 이동한다거나 이상한 소리가 어두운 곳에서 들린다거나 장롱 속에서 무슨 소리가 들린다거나 하는 현상을 겪기도 한다. 이를 저승사자가 내는 소리로 잘못 알고 있는데 저승사자가 내는 소리가 아니다. 주위에 있던 집터 귀신들이 난리를 치고 돌아다니는 것이다. 자기들 잡으러

오는 줄로 아니까 지금까지 평온하게 살아온 모든 것이 깨져 버리는 것이다. 이제까지 용케도 아무 일 없이 지냈는데 곧 잡혀 간다고 여기는 것이다. 참으로 혼란스러울 것이다.

사람보다는 집터 귀신들이 저승사자의 발자국 소리를 기가 막히게 알아차린다. 더구나 신장 급 귀신에 해당하는 집터 귀신은 저승사자가 삼도천을 건넜다는 것을 귀신들끼리 통(通)해서 알아낼 수가 있고 저승사자가 방향을 어느 곳으로 잡았는지 예의주시하는 오래된 집터 반(半)능구렁이 귀신도 있다. 집터 혼령들이 가장 두려워하는 존재가 저승사자이기 때문이다. 저승사자 아니면 그들을 건드릴 존재가 없으니 말이다.

하지만 무속인들이 집터 귀신을 건드릴 거라고 보는 사람도 있다. 물론 무속인들이 주변 잡귀를 쫓아낼 수는 있다. 뚱땅뚱땅거리고 요란을 피우면서 며칠 동안 경을 읽으며 "물러가라. 물러가라" 하면 실제로 잡귀들이 물러간다. 그리고 나서 물러난 잡귀들은 푸닥거리 장면을 멀리서 구경한다. 무슨 일인가 하고…. 물러가라 해서 물러나긴 했는데 어디를 가야 할지 몰라 저만치서 굿판을 구경하고 있는 것이다. 대체로 사람이 죽으면 영혼의 연령대가 5살 전후로 급격히 낮아지기 때문이다.

그렇게 무속인이 굿을 끝내고 나서 퇴근해 가 버리면 집터 귀신들은 자기들도 저 행사가 다 끝났다고 여기며 다시 기웃기웃거리며 원래 있던 자리로 돌아온다. 이는 무속인이 일 처리를 잘못한 것이다. 저리 물러가라 해서 물러간 것이다. 잡귀 입장에서 봐도 물러난 것은 물러난 것이다. 멀찌감치 물러나서 무슨 일인가 하고 굿 구경을 하고 있었으니 말이다. 그런데 다시 돌아온다. 무속인은 이곳에 다시 돌아오지 말라고 안 했다. 다시 돌아오면 삼지창으로 찍어서 불지옥으로 보낸다고 안 했다. 더구나 갈 곳도 없다. 갈 곳이 있었으면 사람들이 사는 이곳에 뭐 하러 눌러앉아 있겠는가?

여기 이 집과 그 주변에서 지금까지 무사히 잘 지냈고 귀소본능이 있으니 무속인의 퇴근 시간과 발맞춰 다시 돌아온 것이다. 설사 다시 돌아오지 말라고 무속인이 삼지창을 하늘로 '쭉쩍 쭉쩍' 찌르며 겁을 줘서 하는 수 없이 저 멀리서 눈만 내놓고 무속인의 칼춤을 구경하다가 판이 다 끝나고 밤이 되어 잠잠해지면 한 놈이 원래 있던 곳으로 돌아간다고 갔다가 아무 문제 없을 것 같으면 다른 잡귀들도 따라서 다시 다 돌아온다. 한 놈도 남김없이 모두 돌아오게 된다. 이왕 돌아왔으니 아까 굿판에 놓여 있었던 상위의 음식들을 찾아다닌다. 항상 굶주려 있었으니 오죽하겠는가. 더구나 무속인이 괜히 꿍꽝거리면서 굿을 하는 바람에 가까운 동네 있는 잡귀들이 무슨 일인가 하고 구경을 하러 온다. 호기심이 생긴 것이다. 구경 오는 것이다. 오다 보니 굿판을 지켜보던 원래 그 터에 있던 귀신들을 만나 서로 통성명도 하게 된다. 그리고 굿이 끝날 때까지 멀뚱멀뚱 여기저기 걸터앉아서 구경을 한다. "굿이나 보고 떡이나 먹을란다" 하고 말이다. 거짓말 같지만 사실이다.

떠돌이 귀신 등을 제외하고는 잡귀의 특성 중의 하나가 그 자리를 안 떠나려는 습성이 있다. 그런데도 무속인이 신령님을 불러 제끼며 북을 치고 꽹과리 비슷한 것 치고 하니까 바로 옆 동네에 있던 잡귀들이 자기들도 부르는 줄 알고 눈치 살살 보면서 무속인 주위로 몰려든 것이다. 열악한 곳에 있던 잡귀는 이곳에 와서 보니 여기가 마음에 드는 수가 있을 수 있다. 그러면 그 자리에 눌러앉아 버린다. 일이 점점 커진 것이다. 굿판 책임자인 무속인은 모른다. 무속인이 모르니 영을 볼 줄 모르는 일반 사람들은 더더욱 모른다. 일부 잡귀는 무속인이 물러나라고 해서 물러났다가 굿을 마치고 돌아가는 무속인을 따라 가는 경우도 있다.

전부 사실이다. 그래서 그 무속인 신당(神堂) 집을 찾아가 보면 귀신들이 아주 바글바글하다. 무속인이 떼어 놓은 귀신들이 따라 붙은 것이다. 무속인은 요즘 손님이 많이 떨어져서 한숨을 쉬고 있다. "이상하네. 요새 점사가 왜 이리 떨어지지. 뭔 귀신이 붙었나 왜 이럴까" 하면서 없는 손님을 하염없이 기다린다. 귀신들이 바글바글하니 그 영향을 받아 점사가 안 맞는 것이다. 무속인은 그걸 모르는 것이다. 영(靈)을 볼 줄 알고 굿을 할 줄은 알지만 더 깊이 있게 들어가지 못하니까 이런 일이 생겨 버린 것이다. 그래서 날을 잡아 산(山)

기도를 가게 된다. 그러면 또 신발(神發)이 충전돼서 내려오고…. 이런 일을 평생 반복한다. 일정 기간이 지나서 산기도 안 가면 점사가 하나도 안 맞는 이유가 바로 이 때문이다.

조선시대만 하더라도 도인도사들이 전국을 돌아다니면서 그들 잡귀를 구제하기 위해 애를 쓴 적도 있었으므로 집터 귀신들이 저승사자와 더불어 도인도사들을 두려워했지만 지금 시대는 도 닦는 사람이 거의 없다. 유일하게 저승사자만 피하면 되는 것이다. 그래서 저승사자는 미리 와서 데려갈 망자가 맞는지 확인할 뿐만 아니라 미리 이런 부분, 즉 주위에 잡귀들이 있는 것까지 세세히 살펴보고 간다. 그리고 나서 집터 귀신들이 있다면 그들이 반기(反旗)를 들고 대들 것까지 미리 계산하게 되고 혹시나 해서 2명, 3명 이런 식으로 인원 조정을 하는 것이다. 집터 귀신들이 저승사자 수첩 명부에 없다면 저승사자는 일체 신경도 쓰지 않는데 그런 사실을 모르는 집터 귀신들은 벌써부터 칼을 갈고 준비를 하는 것이다. 안 그러면 하천계 생활은 이로써 마지막이기 때문이다. 그들 입장에선 이번에 저 더럽게 생겨 먹은 검은 사자에게 끌려간다면 어떻게 될지 모른다. 아마도 저승세계에서는 좋은 일보다 안 좋은 일이 기다리고 있을 확률이 높다는 것을 집터 귀신들도 잘 알고 있을 것이다.

한편 망자의 집에 와서 사자상 옆에 따로 마련된 술상을 보게 된 저승사자는 그만 입을 다신다. 고민하는 것이다. 근래 들어 술을 마신 기억이 거의 없다. 조선의 백성들이 잘 살지를 못하니 곡차(술(酒)을 말함) 한 번 번번이 놓지 못한다. 양반들은 곡차를 사자상에 놓는 것이 예의와 유교 질서에 어긋난다며 또한 놓지 않는다. 그럼 양반들이 저승사자에 대해서 예의를 지키기 위해서 그랬다는 것인가? 아니다. 공자에게 예의를 지키기 위해서인 것이었다. 공자가 다음과 같은 말을 남겼다.

> 子曰: "未能事人, 焉能事鬼?"
> 공자께서 "사람을 잘 섬기지 못하는데 어찌 귀신을 섬기겠는가?"라고 말씀하셨다
>
> 子曰: "未知生, 焉知死?"
> 공자께서 "삶도 알지 못하는데 어찌 죽음을 알겠는가?"라고 말씀하셨다

유생들 입장에서 성현(聖賢)이라 함은 공자, 주자 같은 사람들이다. 특히 공자가 한 말씀을 잘 실천하기 위해서는 저승사자에게 술상을 차려 주는 것이 자신들의 존립 기반을 거꾸로 흔드는 일이 될 수도 있기 때문이었다. 조선시대 유생들은 이처럼 자신들만의 유교 질서를 구축했다.

그래서 조선시대에는 저승사자가 곡차를 마실 일이 그다지 많지는 않았다. 그리고 저승사자에게 필요 없는 것이 노잣돈이고 짚신인데 조선 백성들은 이상하게 노잣돈을 어디서 빌려다가 상위에 올려놓았고 짚신은 거의 빠지지 않고 사자상에 갖다 놓았다. 그건 살아 있는

사람들 생각이다. 저승사자 입장에서는 아무 쓸모도 없는 것이었다. 그래서 그런 걸 알아본 도인도사들에게 그 사실을 얻어 들은 망자의 집에서는 상다리 부러지게 술상을 사자 밥상 옆에다 따로 차려 놓았던 것이다.

저승사자가 잘 차려진 술상을 주시하다가 주위를 한 번 빙 둘러본다. 혹시 보는 이가 있는가 말이다. 술 마셨다고 해서 문제될 것은 전혀 없지만 자칫 업무에 지장을 초래할까 봐 망설이는 것이다. 혹시 실수라도 하면 영혼을 못 보는 인간들이야 상관없지만 지나가던 도인도사들이 보게 된다면 별로 좋을 것은 없기 때문이다. 둘러보니 별 이상이 없는 것 같아 아주 자리를 깔고 앉자마자 술을 들이키기 시작한다. 이승과 저승을 오가며 많이 바빴고 인간들 때문에 못 볼 꼴도 많이 봐 왔다. 내색은 안 하고 있었지만 스트레스가 장난 아니었다. 그런데 이렇게 편하게 앉아 지나간 시간들을 바라보니 술이 술술 들어간다. 그렇게 마시다 보면 시간 가는 줄도 모른다. 술상을 차려 주는 집이 거의 없기 때문에 저승사자는 코가 삐뚤어지게 마시게 된다. 대체로 혼자 다니는 저승사자 입장에서는 굳이 술상을 마다할 이유가 없었다. 술상을 친구처럼 여긴다. 사람이 잘 살아야 저승사자도 목을 축이는 법이다. "이놈의 조선 백성들아 잘 좀 살아라…. 이게 뭐냐 사자 장군님 체면이 말이다. 마당에 쪼그려 앉아서 말이야. 대체 원…" 하며 저승사자가 넋두리를 시작한다. 그러면서 그게 또 계기가 되어 부어라 마셔라 하게 된다. 이런 일들이 조선시대에 진짜 많이 있었다. 사실이다.

그리고 사자 장군도 맞는 말이다. 급수가 신장 급이니까. 그리고 검은 도포를 입고 검은 갓을 쓰기 전에는 장군복(좀 정확한 표현은 장수가 완전 무장할 때 입는 그런 옷이 아니고 장군과 병졸 중간 급에 해당하는 장교 급 복장)을 입고 다녔던 일도 있었다. 다만 조선시대로 접어들면서 검은 도포와 검정 갓으로 복장이 표준화되었던 것이다.

비슷한 레벨의 신장 급인 산신령은 여기저기서 무속인들이 술이다 돼지다 하며 정성 들여 갖다 바치는데 지나 가다가 그런 것을 구경만 한 것이 한두 번이 아니다. 어떤 때는 "산신령을 할 것을 계열(系列)을 잘못 선택했나" 하고 후회도 가끔 한 적이 있었다. 술 때문에 말이다. 그러니 이런 사실을 잘 알고 있던 망자의 집 가족들은 술상을 큰 걸로 준비하게 된다. 조용히 부정 안 타도록 말이다. 괜히 집터 귀신들이 맛본다고 먼저 달려 들면 산통 다 깨지는 것이다. 저승사자는 다른 귀신이 먼저 맛본 것을 대번에 알아챈다. 더군다나 집터 귀신들이 먼저 입을 댄 사실을 알면 그래도 술상을 차려 준 살아 있는 사람들에겐 해코지 못 하고 영혼에게 행패를 부릴지도 모른다. 자칫 잘못되면 해 주고도 뺨 맞는 격이 되고 만다.

나는 저승사자치고 인자한 저승사자를 본 적이 없다. 그리고 저승사자가 전혀 마음에 안 든다. 사람이 죽었으면 아직 그 죄가 확정된 것도 아닌데 벌써부터 무슨 죄를 지은 것처럼 안 좋게 인식한다. 물론 조금 이해되는 부분이 있기는 하다. 사람이 하늘에서 죄를 짓고 내려오는 곳이 지상계이다. 우리는 우리가 살고 있는 이곳 지구를 지구별로 알고 있지만 하늘나라에서는 그렇게 생각하지 않는다. 교도소, 교화소, 감옥소, 감옥, 형무소 등 사람이 죄를 지으면 가는 곳으로 생각하고 있기 때문이다.

저승사자가 영혼에게 냉담하게 대하는 태도는 벌써부터 그런 인식을 하고 있기 때문인 것이다. 그리고 쇠뭉치와 쇠사슬도 지니고 다닌다. 나는 그가 그것들을 몰래 숨기고 다니는 걸 다 알고 있다. 또한 법망(法網)이라고 하는 것도 있는데 손오공의 여의봉처럼 아주 아주 작게 축소해서 지니고 다니다가 유사시에 펼치면 그게 정말 장관이다. 도망가는 영혼이 있다면 법망이 하늘 위로 쫘악 날아가서 영혼에게 덮친다. 어부가 물고기를 잡으려고 그물을 던지는 것과 거의 비슷하다고 보면 된다. 하늘 위로 펼쳐진 법망이 금빛처럼 빛나고 아름답다고 느끼는 것은 단지 저승사자 입장일 것이고 그것을 본 망자는 얼마나 두렵고 공포에 휩싸이게 될까?

사람이 죽은 후 저승사자에게 쫓기는 영혼 신세가 되면 이렇게 될 수도 있다. 그러니 사람이 죽은 후에 영혼이 홀연히 천상계로 빛이 되어 가거나 빛을 따라갈 거 아니면 저승사자가 망자를 찾아올 건데 저승사자를 보고는 기겁해서 도망갈 필요가 없다. 어차피 잡힐 것이다. 법망으로 잡힌 후엔 더 이상 말 안 해도 잘 알 것이다. 쇠뭉치와 쇠사슬을 왜 갖고 다니는지…. 저승사자가 망자를 처음 보자마자 쇠뭉치로 후려친다거나 쇠사슬로 꽁꽁 묶어서 데리고 가지 않는다. 사람들에게 잘못 전해지고 이것이 잘못 굳어져서 그렇다고 알고 있는 사람들이 많은데 사실이 아니다. 그런 걸 믿어서는 안 된다. 더구나 반대로 생각해 보면 목적지까지 길 안내를 잘해 준다는데 얼마나 좋은 것인가? 그냥 편하게 따라가면 되는 것이다. 그러니 도망가지 말아야 한다.

한 가지 더 말해 보자면 주위를 잘 살펴보라. 지금 세상에 도를 닦는 사람이 얼마나 되고 대체 선업(善業)을 쌓아 가면서 죽은 사람이 얼마나 되서, 죽은 후 홀연히 한줄기 빛이 되어 하늘나라로 가는 영혼이 몇이나 될까? 저승사자가 신장(神將)인 자기 기준에 맞추다 보니 영혼들이 참으로 고생이 많다. 인간으로 태어나 별꼴 다 보면서 살면서도 꾹 참고 견디며 살아왔는데 100살도 못 되어 죽는다…. 더구나 죽은 것도 원통(冤痛)해 죽겠는데 삼도천, 염도천, 염솔천도 건너야 하고 이래저래 갈 길은 왜 그리 멀게만 느껴질까? 저승사자의 망자에 대한 크나큰 배려인가? 구경하며 가라고…. 이승에서의 마지막 여행을 말이다.

어쨌든 술에 취한 저승사자가 기분 좋게 흥얼거리는 것을 멀리서 차분히 바라보는 도인도사가 있다. 저승사자가 술상에 앉기 전에 미리 저승사자가 영안으로 주위를 훑어볼 것을 알고 사자의 레이더망 거리에서 벗어나 있었던 것이었다. 그는 망자의 가족에게 저승사자에게 술상을 따로 해 놓을 것을 조언한 도인도사이다. 그는 혹시나 무슨 일이 생길까 봐 저승사자 주위를 지켜보고 있었던 것이다. 그렇게 술을 마신 저승사자는 일어나서 서둘러 망자를 데리고 이곳을 떠나게 된다. 망자의 가족이 극진히 술상을 봐 왔고 이미 말통을 다 비웠으니 망자를 대하는 태도가 이제부터 달라진다. 어쩌면 저승사자는 도인도사에게 고마워해야 할 것이다. 도인도사가 망자의 가족에게 이러이러하면 저러저러하게 된다고 말해 주었기 때문에 저승사자가 모처럼 거나하게 취했으니 말이다. 망자가 가는 저승길이 많이 편해질 것이다. 대자연의 법칙인 계약을 저승사자 스스로 받아들였으니 말이다.

한편 숨죽이고 땅에 처박혀서 눈만 내밀고 이런 상황들을 예의주시(銳意注視)하며 바라보는 존재들이 있다. 바로 집터 귀신들이다. 이번에 무사히 넘어갔으나 손에 땀을 쥐었을 텐데 그래도 저승사자가 완전히 사라질 때까지 마음을 놓지 못해 안절부절못한다. 이번 저승사자 방문은 그들과는 아무 상관도 없는데 말이다. 이처럼 대다수의 사람이 죽으면 단순하게 된다. 5살 먹은 아이처럼 말이다.

신장 급 큰신(神)에는 대신(代神), 나라 대신, 대감, 신선, 도인, 도사, 저승사자, 산신령 등 무수히 많다. 술을 좋아하는 영혼은 나중에 신장 급 큰 신이 된다면 산신령 쪽이 적성에 맞을 것이다. 저승사자는 지상계 영혼들을 찾아 직접 발품 팔아야 하는 서비스직이고 술 얻어먹을 일도 거의 없다. 앞으로 점점 더 없을 것이다. 그나마 있던 도인도사들도 거의 맥이 끊어져 가기 때문이다. 그러니 저승사자에게 술상을 따로 봐 놓으라고 말해 줄 이도 없을 것이다. 이에 반해 산신령은 앞으로도 무속인들이 알아서 산으로 찾아올 것이다. 올 때 빈손으로 오지 않는다. 술과 고기는 무속인에게 필수품이다. 고기로 말하자면 오죽했으면 푸줏간 사장님이 자기들의 최고 손님은 무속인이라고 말하겠는가? 그만큼 무속인이 산신령에게 정성을 다하기 위해 고기와 술에 대해서 신경을 많이 쓴다는 것을 말해 주는 것이다.

그러니 나중에 신장 급으로 올라갈 영혼들은 각자의 적성을 잘 알아보고 지원하기 바란다. 하늘나라에서는 본인의 지원 의사를 대부분 반영하므로 산신령으로 지원하면 웬만하면 산신령으로 오게 된다. 한국은 국토의 70%가 산지이므로 작은 산신령을 한다 해도 나쁘지 않을 것이다. 그렇다고 해서 저승사자가 나쁘다는 것이 아니다. 산신령은 정(靜)적인 개념이다. 저승사자가 동(動)적인 개념이라 팔도강산을 마음껏 구경하는 여행자로 비유된다면 산신령은 어디 밖에 출타도 마음대로 못 하고 묶여 있는 신세가 된다. 자리를 오래 비웠다가 자기 구역에 자칫 무슨 일이 생긴다면 문제가 발생할 수도 있기 때문이다. 각자 일장일단이 있을 것이다. 그러하니 지상에 내려온 이 기회는 이처럼 하늘이 내려준 것으로서 도를 닦고 선업을 쌓으며 자신에게 주어진 인생을 마음껏 펼치고 간다면 꼭 바라는 바를 이룰 것이다. 하지만 그와 반대의 길을 간다면 윤회의 수레바퀴를 돌고 돌아 다음엔 또 새로운 고행의 길을 떠나야 할 것이다. 그 빚을 다 갚아야 수레에서 빠져나올 수 있기 때문이다.

그리고 우리가 지상계로 내려오는 경우를 살펴봐야 한다. 크게 두 개로 나누어 볼 수 있는데 석가여래, 예수처럼 본인이 수행을 더 하고 공부하기 위해서 내려오는 경우와 우리들처럼 죄인이 되어 내려오는 경우가 그것이다. 혹시 헷갈려할까 봐 말해 보았다. '내가 석가여래, 예수처럼 수행을 더 하고 공부하기 위해서 자원해서 내려온 것이 아닌가' 생각하면 안 된다. 그런 사람들은 세상에 그렇게 많지 않으니 말이다. 그렇다고 해서 실망할 필요도 없다. 역발상(逆發想)이라고 들어보지 않았는가? 오히려 더 좋은 기회일 수 있다. 석가여래, 예수가 굳이 지상계로 왜 내려왔는지 생각해 보기 바란다.

그리고 산신령에 대해 조금 더 말해 본다면…. 그런데 말하기가 조금은 조심스럽다. 산신령이 술상과 돼지머리를 받고서 무언의 계약에 의거 해당 무속인에게 신(神)의 기운을 넣어 주는 것이 과연 합당한가에 대해서 말이다. 만약 산신령을 찾아가지 않는 무속인이 있다면 거기에서 소외되기 때문이기도 하지만 그런 식으로 서로가 뭔가를 주고받는다면 지상계에서 행해지는 인간들의 썩은 행위와 산신령의 차이가 과연 무엇이냐 그 말이다. 나는 이런 행위들이 문제가 있다고 생각한다. 찾아가서 뭔가를 드리면 영적 기운을 받아오고, 안 가고 뭔가를 안 바치면 아무것도 못 얻어서 점사 효험이 하나 마나해서 '맹탕 무당 또는 선무당'이라고 손가락질을 받는다면 과연 이것이 올바른 건지 말이다. 하지만 하늘에서 하는 일이라 내가 관여할 능력도 안 되고 또는 어떤 깊은 인연법에 의해 그러는지는 나도 그 이상은 모른다.

18. 저승사자를 찾아가는 솥뚜껑 도인

나는 한때 지리산에서부터 시작하여 여러 곳을 돌아다니며 만행을 하였다. 산을 찾아다니다 보면 자주 만나는 사람들이 있다. 무속인이다. 밤에도 경을 읽으며 무속 도구를 이용해 소리도 낸다. 기도 터가 따로 있어 많은 무속인이 거주하는 곳도 있다. 며칠간의 기도가 끝나고 나면 고수레를 외치면서 음식을 떼서 산천 여기저기에 던져준다. 배고픈 영혼들이 있으면 먹으라고 주는 것이다. 무속인이 기도하며 영발 받으려는 그곳은 영의 기운이 대체로 강한 곳이다. 기도를 위해서 가는 곳이 모든 산이 아닌 이왕이면 기도발 잘 받고 기운이 강한 곳을 찾아서 가는 것이다. 이곳에는 무속인들이 모이는 곳이므로 귀신들도 출몰을 자주한다. 일반인들이야 잘 모르지만 영안을 갖고 있는 사람들은 그것의 존재를 보게 된다. 나 역시 그런 것을 보게 되는데 그때는 섬찟섬찟하게 된다.

대체로 귀신은 밤이 되고 어두워지면 활동을 개시한다. 그래서 나는 주위의 무속인들이 밤에 기도할 때는 활동을 멈추고 밖에 안 나갔다. 굳이 보고 싶지 않았기 때문이다. 그리고 무속인 중에는 산에 기도하러 들어올 때 귀신들을 주렁주렁 달고 들어오는 무속인도 꽤 있다. 아마도 천도제를 했거나 빙의 된 귀신을 떼어 낸 다음 그다음 처리를 잘 하지 못해 달라붙어서 다닌다고 여겨진다. 떨어져 나온 귀신들은 어디로 가야 할지 모르니 그 걸 떼어준 사람 뒤로 줄을 서는 것이다. 이미 무속인이 의뢰인으로부터 돈을 받았으니 대자연의 계약 법칙에 의거해 돈을 받은 쪽으로 귀신이 찾아가는 습성이 있기 때문이다. 그런 줄도 모르고 무속인은 "요새 왜 이렇게 점발이 안 받을까" 하고 고민하게 된다. 떼어낸 귀신들이 옆에서 들끓고 있으니 무속인 본인의 기운이 사방으로 흩어져 버리고 마니 그런 것이다.

귀신이 이렇게 옆에서 자리하고 있으면 되는 일이 하나도 없다. 심지어 어떤 귀신은 무속인 옆에서 "손님 보고 자살하라고 그래. 자살하라고 그래" 계속 귓속말로 무속인에게 속삭이는 경우도 있다. 무속인은 헷갈리기 시작한다. '신령님이 맞는 거 같기도 하고 아닌 거 같기도 하고….' 그래서 결심한다. '그래 산에 한번 다녀오자' 하고 말이다.

기도 터가 있는 주변 산에는 무속인뿐만 아니라 다른 여러 사람들이 있다. 한번은 정말 옛날 도인처럼 생긴 50대 중후반의 남자를 멀리서 보았다. 하얀색 옷을 입고서 멋지게 수염을 길렀는데 풍채가 꼭 도인 모습으로 영락없는 도 닦는 사람이었다. 일반 사람은 아무리 그렇게 꾸며도 모양이 나오지를 않는다. 산에서 내려오는 그에게 먼

저 다가가 인사를 했다. 그러자 그가 나의 인사를 받더니 "20분 전에 어떤 남자가 이 길을 따라 지나가지 않았소?" 하고 물었다.
"그때라면…. 글쎄요. 제가 여기 있기는 했어도 7명이나 지나 간 거 같은데요…. 남자 4명, 여자 2명, 그리고…."
"혼자 지나간 남자는요?"
"혼자요?"
그러고 보니 혼자 지나간 남자가 있었다. 왜 그를 기억하냐면 등산복 위아래가 전부 검은색이었고 모자도 검은색에다가 선글라스도 검은색, 마스크도 검은색, 등산 장갑도 검은색, 심지어 스틱까지도 검은색, 등산화도 검은색 계통이었다. 그런데 지금 말을 듣고 보니 참 이상했다. 사람 살 색깔을 못 본 것 같았다. 하지만 복장만 보고 검은색을 좋아하나 보다 하지 어느 누가 그렇게 유심히 본단 말인가?
"보았습니다. 동료 분인가요?"
그러자 그가 조용히 미소를 머금으며 약간 뜸을 들였다.

이분 머리가 일반 사람보다 조금 컸다. 그리고 몇 마디를 해 보았는데 놀랍게도 그는 내가 무슨 생각을 하고 있는지 바로바로 알고 있었다.

옛날에 후고구려 시절 궁예가 관심법으로 사람들을 놀라게 한 적이 많았는데 이 도인분도 능력이 상당히 뛰어나구나 하고 감탄사가 절로 나왔다. 누군지 궁금했다. 지리산에 허공 신인이 있는데 그분과 법력(法力)을 따진다면 누가 더 위일까 하고 생각해 봤다. 내가 알기로는 궁예도 약간 머리가 컸다고 한다. 이분이 내게 사용한 것은 관심법이다. 관심법(觀心法)은 불교의 마음 수련법 가운데 하나이고 비슷한 것으로 육신통 가운데 하나인 타심통(他心通)도 관심법처럼 상대방의 마음을 읽어 내는 능력 중의 하나이다. 다만 차이가 있다면 관심법은 중급 정도의 고수가 행(行)하는 것이라면 타심통은 관심법보다 훨씬 위에 위치해 있다. 초급 단계 또는 일반 사람들이 학문적으로 공부해서 얻는 것으로는 독심술(讀心術)이 있는데 아마도 많이 들어서 알고 있을 듯하다.

후삼국 시기의 궁예는 관심법을 이용하여 반역을 모의하는 사람의 마음을 모두 꿰뚫어 볼 수 있다고 호언장담을 했다고 한다. 고려 시조인 왕건이 궁예의 부하가 되어 장군으로 있을 때 이 관심법 때문에 목이 날아갈 뻔한 적이 있었다. 대전(大殿)에서 궁예가 신하들을 양쪽에 쭉 도열시켜 놓고는 용상 주변에 100여 명의 칼잡이 도부수를 불러 세운 채 매섭게 왕건을 쳐다보고 있는 일촉즉발의 위기 상황에서 신하 중 '최응'이란 사람이 일부러 물건을 떨어뜨리고는 그것을 줍는 척하며 왕건에게 살짝 다가가 나지막히 이르기를 "대왕께서 아뢰시오 반역을 획책했으니 그만 죽여 달라고 하십시오. 어서요. 그렇지 않으면 오늘은 장군의 제삿날이 될 것입니다." 최응의 말을 들은 왕건은 깜짝 놀랐지만 생각할 겨를도 없이 궁예 앞에 나아가 대전에 엎드려 고개를 들지도 못하고 고하길 "천리(天理)를 거스

르고 대왕께 반역을 획책했으니 저 왕건을 당장 죽여 주십시오" 하며 사실대로 자백을 하게 된다. 그래서 곧 처형당할 줄 알았는데 뜻밖에도 왕건의 말을 들은 궁예는 이에 매우 흡족해한다. 궁예는 오히려 왕건이 정직하다고 크게 칭찬하면서 여러 신하들에게 말하길 "짐이 이처럼 관심법으로 그대들의 마음을 잘 살펴보고 있으니 그대들은 끝까지 짐에 대한 충성심을 저버리지 말도록 하시오" 하고는 왕건을 용서하게 된다. 그리고는 시퍼런 칼을 들고 곧 왕건의 목을 칠 듯이 서 있던 100여 명의 도부수들을 거둬들였다.

만약 여기서 왕건이 사실대로 인정하지 않았더라면 멀리 있는 형장에 끌려 갈 것도 없이 그 자리서 분명히 처형을 당했을 것이고 고려라는 나라가 역사상 한반도에 등장하는 일은 없었을 것이다. 불가(佛家)의 관심법을 보유한 궁예도 보통 인물은 아니지만 최응이란 사람도 대단한 사람이 아닐 수 없다. 궁예가 관심법으로 왕건의 마음을 꿰뚫었는데 최응은 타심통으로 궁예의 관심법을 꿰뚫어 본 것이다. 최응이 어떤 인물인가에 대해서 이야기를 더 하고 싶은데 다음에 또 기회가 있으리라 본다.

이런 관심법 또는 타심통 도술을 부리는 술사(術士)들이 있다고 나는 오래전부터 들어서 알고 있었다. 이쪽 바닥에 있으면 누가 한 소식 했다고 알려지면 그게 천리(千里)를 달려 날아다닌다. 그리고 한 달 후면 내게도 그런 소식이 들렸다. 다들 궁금한 것이다. 옛날엔 하늘이 도 닦는 사람들에게 능력을 많이 내려 주었다. 그래서 도를 닦아서 내공을 쌓는 사람들이 꽤 되었다. 조선시대에만 해도 하다못해 지나가는 삿갓 쓴 스님들도 도력을 지니고 있어서 마을에서 발생한 무서운 재앙을 무속인들이 해결한다고 하다가 오히려 귀신에게 당해 비명횡사를 한다거나 사람들이 귀신 때문에 죽어 나가는 속수무책인 상황에서 그러한 어려운 상황을 잘 해결해 주고는 마을에서 조용히 사라지곤 했다. 아마 지금 나이 많은 드신 분들은 어렸을 적 그런 이야기를 들은 적이 있을 것이다. 하지만 현대에 들어오면서부터 도 닦는 것 자체도 힘들어지고 스승을 찾기도 거의 어려워졌을 뿐만 아니라 먹고 살기가 바빠 그 맥이 거의 끊겨 버렸다. 더구나 과학 기술이 발달하면서 하늘에서 도술을 내려 주는 일 자체도 매우 희박해졌다.

하늘 입장에서는 지상계가 과학 기술이 발전하는 만큼 도술 부분을 과학 기술이 대체해 간다고 여기게 되어 굳이 도술을 내려 주지를 않는 것이다. 그래서 예전처럼 한 소식 했다는 말을 듣기가 점점 어려워졌다.

그리고 도사, 도인, 도인도사에 대해 간단히 알아본다면 도사(道士)라는 것은 전우치가 갑자기 빗자루로 변하거나(둔갑술의 일종) 전우치가 주문을 외우면 비바람을 일으킬 수 있는 그런 능력을 가진 사람을 말하고 그런 능력자가 부리는 것을 도술이라고 한다. 도인(道人)

이라는 것은 도사와 달리 그런 도술을 부리는 게 아니고 설법으로 사람을 깨우치는 능력을 말한다. 그리고 도인도사(道人道士)라는 것은 도인의 능력과 도사의 능력을 함께 갖고 있는 경우를 일컫는 것이다. 그렇다고 도인도사가 2개를 전부 갖고 있다고 해서 더 능력 있다는 것이 아니다. 각자 가는 방향이 다르고 수도하는 방향이 다를 뿐 도를 얻어 득도하는 것은 매한가지인 것이다. 그래도 굳이 순서를 놓는다면 도인이 도사보다 높다고 본다.

서울에서 부산 갈 때 기차 타고 가거나, 버스 타고 가거나, 승용차로 가곤 하는데 목적지는 부산 하나이지만 가는 길이 조금씩 다른 것과 비슷할 것이다. 도인도사의 경우에는 2층 버스로 생각하면 이해하기가 쉬울 듯하다. 3개 전부 다 도를 이루기 위한 방편일 뿐이니 우리는 그런 것에 매이면 안 된다고 본다.

충남 예산에 수덕사라는 사찰이 있다. 거기서 한 소식을 했다는 소문이 전국을 떠돌 때 나는 배낭을 메고 수덕사를 찾아간 적이 있었다. 한번 뵈려고 말이다. 더 큰 세상을 본 듯한데 어떤지 궁금하였다. 하지만 너무 늦게 갔다. 며칠 전에 수덕사를 떠났다는 것이다. 소문을 듣고 나서 찾아가려고 하면 벌써 한 달이 지난 후였다. 수덕사가 조계종 사찰 소속으로 알고 있어서 혹시 어디 다른 조계종 사찰로 간 거 같아 행처(行處)를 물었지만 알려 주지 않았다. 개인 정보에 대해 알려 줄 수 없다는 것이었다. 나중에 듣기론 환속(還俗)해서 조계종을 떠났다는 이야기가 들렸고 개인 한 명이 아니라 여러 명이 한꺼번에 한 소식이 아닌 여러 소식을 하게 되었다는 풍문도 있었는데 모두 확실치는 않았다.

나는 나와 이야기를 나눈 머리 조금 크신 분을 솥뚜껑 도인이라고 부른다. 왜일까? 나의 능력이 밥을 4~5명이 먹을 수 있는 분량의 냄비라서 냄비 뚜껑에 비유한다면 그의 능력치는 가마솥이라서 100여 명의 밥을 능히 해낼 수가 있으므로 솥뚜껑에 비유한 것이다. 계룡산 마하선사 등에 비교하자면 솥뚜껑 도인은 고급 수준으로 상 단계 7단 이상에 해당이 될 수 있다고 본다. 거의 정확할 것이다.

솥뚜껑 도인에게 들은 이야기가 있다. 나도 잘 이해가 안 가는 부분인데 여러분이 나를 이해하지 못하는 부분이 있는 것처럼 나 역시 부족한 만큼 이해를 못 하는 것이 있게 마련이다. 그는 오랫동안 산에서 수행을 하였는바 큰 영안을 얻게 되었다고 한다. 그래서 하느님의 영(令)을 수행하기 위해 지금은 산천을 돌아다니고 있다고 말하였다. "그 명령이 무엇인가요" 물으니 저승사자를 못 만난 영가(靈駕, 이생에서 삶을 마치고 떠난 영혼이 다음 생의 생명을 받기 이전까지의 상태)들을 중천계로 보내기 위해 그 역할을 수행하고 있다고 하였다. 그래서 아까 본 그 검은 등산복 입은 자가 저승사자인데 그를 만나서 임무 관련 대화를 나누었다는 것이다. 대체 이 무슨 해괴한 말인가 하고 의아하게 생각했지만 들어 보니 틀린 말도 아닌 것 같고 그렇다고 뭐라 하기도 그렇고 해서 묵묵히 듣게 되었다. 그의 목적은 이승계에 남아서 저승에 못 가고 있는 영가들을 저승으로 보내는 역할과 저승사자를 만나게 되면 그를 도와 영가들을 저승으로 보내 주는 사명도 갖고 있다고 하였다.

솥뚜껑 도인은 대표적으로 군인들을 예로 들었다. 한국전쟁 때 죽은 군인 영가들이 산천에 많다고 하였다. 죽을 때 바로 저승으로 가지 못한 영혼들이다. 그건 나도 알고 있었다. 나는 사람들보고 밤에는 산에 들어가지 말라고 한다. 그 이유는 멧돼지 등 동물 때문이 아니라 영가들이 있기 때문이다. 그들이 모여서 동그랗게 앉아 있는 일이 가끔 있다. 처음 보는 사람은 그것도 모르고 더구나 산에서 사람을 만나 반가우니까 말을 걸게 되는데 가만히 보니 분위기가 심상치 않다는 걸 곧 알게 된다. 혼령들이니까. 그들이 사람이 아닌 혼령인 것을 곧 알게 되는 것이다.

심마니 하는 분을 아는데 나에게 자기도 위와 같은 일을 겪었다고 말해 주었다. 심마니의 부인분께서 시골에서 미용실 원장을 하고 본인은 심마니를 직업으로 삼아 오랫동안 이 일을 하고 있다. 그분 말로는 산삼 캐러 다닐 때 낮에는 더위, 모기, 뱀 때문에 힘들고 밤에는 어느 귀신을 만날지 몰라 힘들다고 한다. 내 말이 아니고 그분이 해 주신 말이다. 산삼도 많이 캐었다고 한다. 꿈에 어떤 나이 아주 많이 드신 산신령이 나타나서 산삼 있는 곳을 점지해 준다고 한다.

안 그러면 산삼을 못 찾는다고 하였다. 발밑에 산삼이 있어도 꿈에 산신령이 나타나서 뭔가를 암시하지 않고는 발견하기가 거의 힘들다고 한다. 그리고 특이한 것은 뱀이 있는 주변에 은근히 산삼이 있다고 하였다. 뱀이 산삼을 지키려고 하는 건지 아니면 명당이라 그런 건지는 말을 안 해 주어서 거기까지는 듣지 못했다. 그래서 뱀을 발견하면 두꺼운 신발을 신었어도 물릴까 봐 조심하게 되지만 한편으로는 이 근처에 산삼이 있다는 생각을 먼저 하게 된다고 한다.

그리고 밤에는 어디로 이동하지 아니하고 얌전히 한곳에 있다고 한다. 괜히 귀신들을 만날까 봐 두려운데 만나는 귀신들이 대부분 군복을 입고 상처투성이 귀신이라고 하였다. 전쟁 때 죽은 것이다. 다른 사람한테도 군복 귀신 이야기를 하였는데 아무도 안 믿어 준다고 한다. 심지어 자기 부인도 그 얘기를 안 믿는다고 하였다. 그래서 나만 만나면 엄청 반가워한다. 나는 잘 아니까 말이다. 그분은 산삼 캐는 거 말고도 산간 밭에다 밀농사도 꽤 짓고 있는데 그나마 용돈은 된다고 하며 웃어 보였다. 그러고도 시간이 남으면 태국인가 어디 동남아에 가서 봉사 활동을 간다고 한다. 자기가 죽은 귀신들을 직접 만나 보게 되니 세상을 보는 눈이 완전히 달라졌다는 것이다.

한국의 어떤 산(山)은 이상하게도 일반 귀신보다 전쟁 때 죽은 귀신들이 많다. 특히 한국전쟁 때 죽은 사람의 영가들은 다리가 잘린 채로, 한쪽 팔이 없는 채로, 심지어 머리가 없는 영가도 있다. 그리고 그뿐만이 아니라 어떤 때는 피비린내가 진동한다. 그때는 내 입에서 구역질이 나온다. 무속인들이 이런 분들을 위해 굿을 하다가 구역질을 하는 경우가 있다. 망자가 잘못된 약을 먹어서 죽은 경우 그런 망자를 위해 천도제를 하다가 구역질을 하는 일도 있다. 죽기 직전의 귀신 형상이 몸으로 접신된 것이다. 하지만 죽은 군인들 상대로 굿을 할 때는 망자가 먹은 약 때문이 아니라 이처럼 피비린내가 진동하니 구역질을 하는 것이다.

그 솥뚜껑 도인은 그런 영가들을 중천계로 보내기 위해 이처럼 산천을 돌아다니고 있고 필요할 때는 저승사자를 찾아간다고도 했다. 참…. 찾아갈 대상이 없어서 저승사자를 다 찾아갈까 하고 생각했지만 혹시나 관심법으로 간파당할까 봐 조심조심하였다. 그리고 솥뚜껑 도인은 지금은 조선시대와 달리 인구가 많이 늘어나서 저승사자들도 상당히 많이 다니고 있고 예전처럼 검은 두루마기를 입고 검은 갓을 쓰고 다니기도 하지만 일부는 아까 그 검은 등산복처럼 자유자재로 변장해서 다닌다고도 했다.

그리고 대략 지금 시점으로부터 앞으로 100년이 지나기 이전에는 지금처럼 저승사자나 천사를 따로 지상계로 보내지 아니하고 그들을 모두 거둬들인다고 하였다. 일명 '자동상승기법 또는 자동승천기법'을 적용해서 일일이 하늘에서 저승사자나 천사를 지상계로 내려 보내지 아니하고 영혼들이 스스로 올라오도록 하는 것을 적용해 갈 것이라고 말한 것이다. 그것은 도인, 도사들이 죽은 후 그들의 영혼이 천상계로 올라갈 때 쓰는 방법인데 아마도 그 방법을 일반 영혼들에게도 확대 적용시키려는 것으로 나는 이해하고 있다.

그러면서 그는 나에게 "저승사자가 뭔가를 요청하면 자꾸 피하려고 하지 말고 응해 주시오" 하며 헤어졌다. 대답도 못하고 인사를 하는 둥 마는 둥 하며 멀리 사라져가는 그를 물끄러미 쳐다보았다. 어쨌든 대단하신 분이다. 개인적으로 먹고살기도 참 바쁠 텐데 공적(公的)인 일을 수행하고 다닌다니 존경심이 절로 들었다. 점집을 운영한다고 말하기가 심히 부끄러웠다. 그 이름도 거창하게 태산북두인 것을 알면 웃음거리가 될 거 같았다. 내가 만난 사람 중에 이런 분도 있었다. 그분과 헤어진 나는 폐가, 흉가를 '똑똑똑' 두드리며 방문하거나 이런 도인도사를 만나기 위해 그날도 또 길을 떠나고 있었다. 마치 길손처럼.

19. 지하철에 나타난 저승사자

자기의 딸이 지하철을 타고 가다가 지하철 창문을 배경으로 사진을 찍었는데 나중에 확인해 보곤 모두가 놀랐다는 이야기가 있다. 거기엔 저승사자 2명이 선명하게 찍혀 있었고 사진 속의 인물들이 99% 저승사자임에 틀림이 없다고 하며 그 내용과 함께 저승사자가 찍혔다는 사진을 딸의 어머니라고 하면서 올린 것으로 추정되는 글이 인터넷 사이트상에 아직도 남아 있다. 꽤 오래 전에 있던 거라 설사 저승사자 사진이라 하더라도 기운이 빠져나간 거 같아 그만두려고 하였지만 혹시나 해서 그리고 나도 궁금하기도 하여 하루 날을 잡았다. 기도를 하고 명상을 하며 공을 들였다. 그리고는 해당 그 사진을 올바르게 놓고 영안을 통해 살펴보았다. 그러자 어느 정도 시간이 흘러가는 듯하다가 순간 영적인 기운이 감지되었다. 다만 딱 1% 정도로 그 기운이 아주 미세하였다. 1%라니 많이 아쉬웠다.

사진 전체적 기운이 100%라고 가정한다면 1% 정도로 영적인 기운의 감지가 된 것이다. 하지만 그것만으로도 느낌이 왔다. 이 사진은 저승사자 사진이 맞다고 본다. 다른 여러 일반적인 사진을 가져다 놓고 또다시 같은 방법으로 해 보았다. 0%. 영적인 기운이 0% 나왔다. 다른 사진들은 안 나온다는 것이다. 이 사진을 찍었을 당시로 기산(起算)해서 한두 달 전후로 지하철에서 무슨 사고로 사람이 죽지 않았나 한다. 길게 잡는다면 전후 세 달도 가능하겠지만 저승사자는 두 명이 맞고 망자의 영혼은 보이지 않았다. 사진에 순간적으로 찍히다 보니 망자가 조금이라도 찍힐 수도 있겠다 싶어서 영적인 힘으로 보려고 시도했지만 저승사자만 감지되었다. 영가 사진이라고 인터넷에 올라오는 것들이 대다수 이런 것들이다. 한국뿐만 아니라 전 세계의 영혼 사진이 아주 많이 인터넷에 돌아다닌다. 대다수가 가짜일 확률이 높겠지만 진짜도 존재한다는 것이다. 대표적인 진짜가 링컨 대통령의 사진이다.

링컨의 유령은 미국을 방문한 영국 총리 처칠도 목격했다고 한다. 1943년 미국을 방문하여 백악관에 하루 묵게 된 처칠은 귀빈용으로 사용하는 백악관 2층의 객실에서 잠을 자게 된다. 이 방은 일명 링컨 침실로 불리는 곳이다. 한밤중에 처칠이 화장실에서 샤워를 하고 맨몸으로 나와서 소파에 앉아 즐기던 담배를 피우려고 불을 붙이고 있었다. 담배 하면 떠오르는 사람이 처칠을 빼놓을 수 없다. 처칠은 시가만 따로 보관하는 특별 보관실이 따로 있었을 정도였다고 한다. 담배에 불을 피우려는 그때 어떤 이상한 검은색 가운을 입은 그림자가 벽 쪽에 서서 처칠을 바라보기에 깜짝 놀란 처칠이 무언가 하고 자세히 보니까 말로만 듣던 링컨이었다.

처칠도 틀림없이 말로만 듣던 링컨 유령이란 걸 알게 되자 잠시 망설이다가 자리에서 벌떡 일어나서는 정중하게 링컨 유령에게 "링컨 각하, 제가 요즘 스트레스를 많이 받아서요. 담배를 좀 피우려고 합니다. 여기에서 한 대 피워도 될까요?" 이렇게 더듬거리면서 말했더니 링컨 유령이 처칠을 보다가 갑자기 웃으면서 사라졌다고 한다. 처칠도 참 대단한 사람이란 느낌을 지울 수가 없다. 그런 아찔한 상황에서 속옷 하나 걸치지 않은 상태에서도 벌떡 일어나 차분하게 대응하는 걸 보면 말이다.

그런데 처칠만 링컨 유령을 목격한 것이 아니다. 예전엔 네덜란드 여왕도 링컨 유령을 보았고 트루먼 미국 대통령은 링컨 유령은 아니지만 백악관에 있는 귀신 때문에 정신적으로 많이 힘들었다고 한다. 네덜란드 여왕이 백악관 숙소에 묵게 되었을 때 밤에 누가 자꾸 본인 숙소에 문을 두드려서 문을 열었더니 링컨의 유령이 본인을 유심히 쳐다봐서 그 자리에서 기절을 했다고 한다. 그리고 트루먼 대통령은 한국전쟁과 관련된 인물이자 맥아더 사령관과 각을 세운 인물이라 한국 사람들은 그에 대해 아는 사람도 있을 것이다.

한국전쟁 중에 모택동의 중공군이 전쟁에 개입하자 맥아더 장군은 트루먼 대통령에게 중국에 핵폭탄을 안겨 주자고 강력히 주장한다. 일본 히로시마와 나가사키에 원자폭탄을 투하하여 일본을 항복시켰듯이 중국에도 결정적인 무기를 사용하지 않고서는 전쟁은 승리하지 못한다고 못을 박았던 것이다.

맥아더 장군은 34발의 원자탄을 트루먼 대통령에게 요청했다. 목표 지점은 중국의 만주와 연해주 등 21개 도시가 포함됐다고 한다. 하지만 트루먼 대통령은 맥아더 유엔 사령관의 주장에 전혀 동의하지 않았다. 핵폭탄 관련해서 맥아더 장군 말대로 중국에 핵폭탄을 터트렸다가는 같은 공산 국가인 소련도 가만있지 않을 것이고 이는 3차 대전으로 확대될 우려가 있다고 판단한 것이다. 당시 중국은 핵을 개발하지 못한 상황이었지만 소련은 이미 미국처럼 핵무기를 보유하고 있었던 것이다. 결국 트루먼 대통령은 핵폭탄 고집을 꺾지 않는 맥아더 장군을 미합중국 대통령의 이름으로 해임하게 된다.

이와는 상충되는 주장도 만만치 않다. 인천 상륙 작전에 성공한 UN군과 한국군은 숨 돌릴 틈도 없이 북으로 치고 올라가게 된다. 그리고는 11월 말에 압록강과 두만강 유역에 이르렀다. 그렇지만 이미 중공군이 한국전쟁에 참전할 것이라는 정보 부대의 끊임없는 첩보와 경고가 계속 올라왔다. 더구나 중공군의 주은래는 유엔군과 한국군이 국경선인 압록강과 두만강에 다다르자 더 이상 북진한다면 곧바로 중국 군대를 개입시키겠다고 공개적으로 알렸다. 하지만 맥아더는 모택동의 중공군을 아주 우습게 봤다. 중공군이 압록강을 넘어올 것이라고 생각하지도 않았던 것이다. 이러한 그의 중공군 무시는 돌이킬 수 없는 결과를 초래하게 된다. 중공군이 넘어올 거란 걸 알고 미리 제대로 된 방어선을 구축했더라면 전쟁은 아군 쪽에 아주 유리하게 전개되었을 것이다. 얼마 후 중공군의 인해 전술로 전선이 여지없이 와해되고 악화돼 가며 후퇴에 후퇴를 거듭하자 맥아더는 이때 핵폭탄 투하를 강하게 주장하게 되었다고 한다. 하지만 맥아더만 핵무기 사용을 주장한 것이 아니라고 한다. 트루먼 대통령도 그때 이미 핵폭탄을 터트릴 것을 참모진과 진지하게 고려하고 있었던 것이다.

트루먼 대통령의 부인도 백악관에서 발생하는 알 수 없는 이상한 현상들 때문에 굉장히 힘들어했다고 한다. 그리고 레이건 대통령의 딸이 키우던 개는 링컨 초상화 옆과 링컨 방을 지나갈 때마다 짖었다고 하며 백악관에서는 그런 여러 가지 알 수 없는 일이 수도 없이 일어났다고 한다.

이런 이야기를 들으면 사람들은 대체 이해가 불가능하니 무슨 귀신 콩 까먹는 소리인가 할 것이며 많이들 부정할 것이다. 하지만 나처럼 영안을 가진 사람들은 사진을 가지고 진위(眞僞)를 감별해 낼 수가 있다. 단 사진 속에 영혼의 흔적이 1%라도 남아야 가능하다. 그렇지 않다면 나 역시 일반인과 똑같다. 분별해 내지 못한다.

어느 날 내가 지하철을 타고 가는데 내가 앉은 맞은편 좌석 왼쪽 코너에 앉은 영가(靈駕) 혼령도 지하철을 타고 어딘가로 가고 있었다.

영가를 늦게 발견한 것이다. 내가 조금 신경 써서 보았더라면 피하기 위해 다른 칸으로 속히 빠져나갔을 텐데 말이다. 그런 일도 꽤 있다. 그러니 저승사자가 지하철 구역에 없다고 단정하지 않았으면 한다. 일반 사람 눈에 안 보이는 것뿐이지 영혼을 보는 사람들도 있으니 저승사자라든가 영가 혼령이 지하철에 없다고 여긴다면 안 된다고 본다. 그리고 저승사자나 영가와 부딪히는 것은 사람 몸에도 안 좋다. 죽은 자들이 이승에 와 있는 경우인데 그들의 파장이 살아 있는 사람에게 영향을 주는데 그게 좋은 것은 하나도 없다고 보면 된다. 몸에 갑자기 열이 난다든가 이상한 증상이 일어난다. 또한 안 좋은 일도 실제로 생겨 날 수 있다. 그래서 지하철 객실 맞은편에 앉아 있는 영가와는 눈이 마주치지 않으려고 노력한다. 하지만 일단 내가 쳐다보았다면 그쪽에서도 계속 쳐다본다. 저쪽도 나를 알아차린 것이다. 사람들 중에 자기를 알아보는 사람이 없을 텐데 하고 말이다. 내가 먼저 '저게 뭐지?' 하고 쳐다보니까 그 영가도 나를 쳐다본다. 서로가 쳐다보고 있는 상황인 것이다. 보통 사람들은 영가의 존재를 전혀 모르고 눈에 안 보이니 영가를 쳐다보지도 않는다. 영가가 지금 앉아 있는 그 자리가 비어 있는 것으로 보이니까 말이다. 하지만 나의 경우는 영가를 알아보니 저 영가 혼령이 눈 하나 깜짝 안 하고 쳐다보는 것이다. 정말이다. 영가 혼령이 눈 깜짝 안 했다.

사람들이 많은 지하철 객실에는 이런 영가 혼령이 있지 아니하고 주로 사람이 없는 지하철 객실 칸에 앉아 있는 경우가 있다. 여러분

중에 혹시 텅 비어서 사람 한 명 없는 객실을 처음으로 들어갈 때 '쏴-' 한 경험을 하지 않았는가? 들어오기 바로 직전과 다른 느낌 말이다. 감이 센 사람은 '이상하다' 하고 고개를 갸웃한 적이 있을 것이다. 그 이유를 모른 채···.

그리고 나의 경우는 객실에서 서서 가는 영가 귀신은 거의 못 본 거 같다. 거의가 사람이 없는 빈칸에 앉아서 가는 경우를 보았다. 영가의 얼굴은 일반 도시인과 비슷하지만 아주 창백한 것이 특징이고 눈동자가 움직이지 않고 고정된 것처럼 보이곤 하였다. 어떤 때는 가까이 있으면 한기(寒氣) 같은 것도 느껴진다. 추워서 느끼는 그 한기와는 느낌이 아주 약간 다르다. 어쨌든 내가 미리 알고 피했어야 했는데 신경을 못 써서 서로가 쳐다보는 불편한 경우가 생긴 것이다. 그때는 영가 혼령을 못 본 것처럼 하려고 고개를 숙인다거나 딴짓을 하면서 속히 그 자리를 빠져나와 멀리 다른 칸으로 이동해 간다. 그리고 목적지가 아니어도 다음 정거장에서 바로 내려 버린다. 같은 열차로 같이 다닐 필요가 없다. 이미 눈치챘으니 말이다. 안 따라온다는 보장도 없다. 아마 영가 혼령을 직접 보는 능력을 가진 사람들은 내 말을 이해할 것이다. 그에 따른 처신 방법은 각자 다르겠지만 말이다. 나는 나중에 밝은 곳으로 나와 기운을 털어 버린다. 기운이 묻어 있을 경우가 있으므로 나만의 방법으로 청소를 하는 것이다.

본래 영가 혼령은 사람 옆에 가는 것을 꺼리고 사람들은 귀신을 두려워해서 역시 그 옆에 가지 않으려고 한다. 서로의 기운이 완전히 달라 사이좋게 같이 있으면 모두에게 안 좋으니까 대자연 하느님이 영혼 귀신과 사람들이 거리를 두도록 안배를 해 놓은 것이다. 그리고 저승사자가 지하철을 타고 다닌다고 해서 우리를 저승으로 향하는 지옥철(地獄鐵)로 안내하는 것이 아닌가 하고 생각해서는 안 된다. 이는 보통 출근 시간대의 지하철이 워낙 혼잡하고, 불편하고, 어떤 사람들 때문에 겪게 되는 여러 안 좋은 일, 콩나물처럼 빽빽한 객실 등 그러한 것 때문에 생겨난 단어인지 저승이라든가 저승사자와는 아무런 상관도 없다.

그리고 신의 제자 중에는 물속에 사진을 띄워서 점사를 보는 무속인들이 있다. 그 무속인은 손님이 가져온 사진을 물속에 넣어서 물속에서 영상처럼 흘러가는 장면들을 보고는 손님에게 점사를 말해 주는 것이어서 나와는 다른 경우이지만 사진을 활용한다는 점에 있어서는 이처럼 동일하다.

20. 자살자와 저승사자

세상 사는 게 너무 어렵다 보니 자살하는 사람들이 많아졌다. 하늘에서는 사람들을 지구별로 보내면서 멋있고 빛나는 인생을 살다 오도록 다시 한번 기회를 주었는데 중간에 삶을 마감하는 경우가 생긴다. 인간은 끊임없는 선택의 순간에 직면하게 되면 자유의지(自由意志)가 여기에 개입이 된다. 자유의지란 인간이 외부의 구속이나 제약을 받지 않고 자기 스스로 어떤 목적을 세우고 실행할 수 있다고 하는 것이다. 그런데 그 소중한 자유의지를 제대로 쓰지 못하고 인생을 마감하는 경우가 생겨 버린 것이다. 하늘에서 내려 준 자신의 수명을 다 채우지 못하고 그렇게 가게 되면 문제가 생기는 것이 우선적으로 저승 명부와 자살자와의 수명이 불일치하는 경우가 생긴다. 저승 명부전에 기록되기로는 90살이라고 되어 있는데 30살에 자살을 해 버리면 나머지 60년을 구천에서 방황하며 헤매야 한다. 저승사자는 수첩 명부를 품에 넣고 자살자의 나이가 90이 되어야 찾아오게 된다. 저승 명부 기준인 것이다. 그렇게 되면 자살자의 입장에서는 60년 동안 구천을 헤매게 되는데 그럼 구천엔 좋은 귀신들이 많이 있을까? 아니다. 전부 다 그렇고 그런 영혼 귀신들 천지다. 결국 그들과 어울려 놀게 된다.

사찰이나 무속인이 운영하는 점집 또는 교회에 조용히 비가 내리는 날 아무도 없을 때 들어가 본 분도 있을 것이다. 그리고 기도나 조용히 묵상할 때 주변에서 뭐가 자꾸 기웃거리고 있는 것을 느끼는 경우가 있을 수 있다. 일반인들도 감이 센 사람들은 뭔가를 느낄 것이다. 어떤 이는 무속인 점집에서 귀신을 봤다고 놀라서 점 보다가 도망도 나온다. 이처럼 많은 영혼들이 구천을 헤매고 있다. 영안을 가진 사람 중에는 구천에 있는 영혼들이 그들끼리 어울려 논다고 표현하는 경우가 많다. 영안을 가지고 있지 않더라고 누가 이런 것을 좋은 현상이라고 보겠는가? 이처럼 중간에 명을 끊어 버리면 안 좋은 길로 빠질 확률이 아주 높아진다. 그리고 나중에 때가 되어 저승사자를 따라 저승세계로 간다면 염라대왕은 그 영혼 귀신이 살아온 것을 심판할 뿐만 아니라 구천에서 헤매며 사람을 해코지한 것이 또 있다면 그것을 반드시 참고하게 되고 윤회의 수레 법칙에 다시 들어갈 때가 되면 그것으로 인해 더 안 좋은 환경을 향해 매진하는 결과가 된다.

지금 이 세상에서 태어나서 고통을 견디지 못하고 생명을 끊었는데 이젠 그보다 더 안 좋은 세상을 향해 가는 것이다. 영혼이 상천계로 간다는 것은 천국으로 가는 것이다. 그곳은 세상 사람들이 말하는 석가여래 천국, 예수 천국, 옥황상제 천국 등 무수히 많은 천국들이 존재한다. 그곳으로 올라간 영혼들은 자기가 가고 싶은 천국을 골라서 가게 된다. 그곳이 마음에 들지 않으면 자신만의 세계를 만들 수도 있다. 상천계 천국은 무한대의 공간이므로 그렇게 하는 것이 얼마든지 가능하다. 지상계에서 공덕을 쌓아서 거룩한 삶을 살다 간다면 상천계에 있는 천국으로 가게 될 것이다. 그런데 자살을 하게 되면 이처럼 그런 성(聖)스러운 길과 완전히 반대의 길을 선택하는 것이다.

너무 착하고 심성이 약한 사람들이 자살하는 그런 경우가 있다. 당부드리건대 착하게 살면 절대 안 된다고…. 그것을 말해 주고 싶다. 나는 여러분께 말하길 선행(善行)의 공덕(功德)을 쌓으라고 했지 착하게 살라고 한 적이 단 한 번도 없다. 선행의 공덕을 쌓는 것과 착하게 사는 것은 반드시 구별되어야 한다. 착하게 살면 인생살이가 굉장히 어려워진다. 사기꾼이 들이닥치거나 또는 극복하기 어려운 상황을 만나기도 하며 온갖 안 좋은 귀신들조차도 호구로 보고 달려들게 된다. 그렇게 되면 인생이 대체 어떻게 되겠는가? 차라리 자신 없으면 아무것도 안 하니만 못하게 된다. 내 말을 두고두고 명심해야 한다. 착한 마음으로 살아갈 것이 아니라 어떠한 상황이든 지간에 아주 냉철하고 똑바르게 대해야 한다. 학교에서 그런 것을 제대로 가르쳐야 하는데 안 하거나 못 하니까 세상엔 악마 쓰레기보다 못한 사기꾼들이 계속 나오고 있는 것이다. 사기꾼들 말에 의하면 주 타깃은 착한 사람들이란다.

자녀들에게 반드시 가르쳐야 할 것 중 최우선을 다투는 것이 있다면 바로 '착하게 살면 안 된다'이다. 착하게 살아야 한다는 굴레에 갇히는 순간 사기꾼들이 벌써 콧노래 부르며 준비를 하게 되고 대체 어떤 얼굴을 하고 다가올지 모른다는 것이다. 그렇게 다가왔을 때 가면 속의 진면목을 알아볼 자신이 있는가 말이다. 지금 당장 입으로 열 번 반복해서라도 착하게 살아야 천당 간다는 생각의 고리를 과감히 끊어 버려야 한다. 착하게 사는 것과 천당 가는 것과는 아무런 상관도 없다. 그러므로 착하게 살 것이 아니라 올바르게 사는 것이 중요하다는 것을 명심해야 할 것이다. 게다가 올바르게 살되 이성을 냉철하게 한다면 이 사회는 사기꾼들이 발붙일 곳이 완전히 사라질 것이다. 꼭 그렇게 해 주길 당부하고 싶다. 그리고 사기꾼들과 어울리게 된 것을 전생의 업보라고 생각하는 사람들이 있다. 그렇지 않다. 내가 그 사기꾼들을 끌어들여서 새롭게 인연을 창조한 것이 된다. 충분히 그렇지 않을 수 있었는데도 내가 안 좋은 인연을 스스로 만들어 버린 것이다. 그러니 전생 업보와 관련이 없으므로 그쪽으로 연결시키면 안 된다고 본다. 어쩌면 우리 인생은 이처럼 여러 상황에 대처하기 위해 분별심을 공부하고 키워 나가는 배움의 장(場)이 아닌가 한다.

만약 저승사자가 이승에 내려와 있을 경우 구천을 헤매는 영가들을 보았을 때 그들을 제도해서 데리고 갈까? 아니다. 그렇지 않다. 저승사자의 임무는 자신의 수첩 명부에 기록된 영혼만 대상이 된다.

그렇지 않고 구천에 영혼들이 보인다고 해서 저승으로 데리고 가면 김지현 기자의 경우처럼 문제가 또 발생한다. 이번엔 월권(越權) 행위가 문제시된다. 그건 저승사자가 개입할 일이 아니다. 그래서 염라대왕은 분명히 사자 명부를 주면서 "수첩에 일치되는 영혼을 반드시 데리고 오되 그 외 일은 일체 개입하지 말고 본연의 임무에 충실할 것"을 저승사자에게 신신당부하는 것이다. 다 때가 되면 어차피 데리고 올 거니까 말이다. 게다가 어떤 인연의 법칙에 의거 구천에서 저러고 있으니 인연이 소멸하면 그때 저승에서 데리러 갈 것이다. 대자연의 인연 법칙은 저승부에서 관여할 일이 아니기 때문이다. 그러니 지금은 저승부에서 함부로 손을 대지 않는 것이다.

더구나 저승사자는 염라대왕의 심부름꾼이다. 심부름을 잘하려면 위에서 대왕님이 시키는 것을 잘 하면 된다. 저승사자들이 실수하는 바람에 조선시대만 하더라도 수많은 영혼들을 잘못 데리고 와서 그것을 수습하느라 얼마나 많은 고생을 했던가? 그런 저승사자가 한 둘이 아니었다. 여러분은 믿지 않겠지만 진짜 그랬다. 일을 제대로 하지 못해 기자 김지(智)현을 데리고 오라고 했더니 기자 김지(知)현을 데리고 온 것처럼 이런 실수를 한 저승사자들이 대체 얼마나 많았던가 말이다. 더구나 김지현 기자와 같은 경우 그 여자가 만만치 않은 여자라 처리도 여간 쉽지 않았던 것이다. 여담이지만 사실은 내가 김지현 기자한테 "이럴 때는 이리이리, 저럴 때는 저리저리 하라"고 다 알려 준 건데 말이다. 그것은 어쩌면 '현대판 김지현 사건'

으로 두고두고 회자(膾炙)될 일인지도 모른다. 이처럼 사자가 본연의 임무도 제대로 못 하면서 다른 영가까지 줄줄이 데려온다면 염라대왕은 이젠 그 자리에서 쓰러질 것이다. 왜냐하면 염라국 총책임자는 염라대왕이기 때문이다.

21. 가수 이애란과 저승 행진곡

이애란의 '100세 인생'은 노래가 참 재미있게 구성되어 있는 듯하다. 나는 처음에 탤런트 이태란이 '100세 시대'를 부르는 줄 알았다. 내가 거주하는 태산북두 도량에는 텔레비전도 인터넷도 연결해 놓지 않았고 하루 종일 손님들 상담을 받거나 기도와 수행을 하다 보니 볼 시간이 없어서도 그 이유일 것이다. 더구나 이애란 씨가 무명 가수에서 '100세 인생'으로 갑자기 확 뜨다 보니 나도 잘 몰라 뵀었다.

1963년 강원도 홍천군에서 태어난 이애란은 오랜 기간 무명 세월을 보냈다고 한다. 28세에 가수 인생길에 들어선 그녀는 53세에 이르러 드디어 정상에 오르게 된다. '100세 인생' 덕분에 말이다. 지금은 모교인 강원도 홍천군 남면의 매산 초등학교에 노래비까지 세워졌다고 한다. 무엇보다 3인칭 화법 '못 간다고 전해라'의 가사 매력이 독특하다. 그녀는 어느 방송에 나와 이렇게 말했다고 한다. "결혼은 못 갔다고 전해라…."

내가 직접 작사한 '저승 행진곡'을 소개해 보려고 이애란 씨 노래를 먼저 모시게 되었다. 정말 황당하겠지만 재미로 써 본 것이니 너무 신경 쓰지 말기 바란다. 여러분도 마찬가지겠지만 나 역시 별로 저승사자를 안 좋아한다. 저승사자 이미지를 지금 시대에 맞게 상냥하고 친절한 저승사자로 바꿔야 한다고 조용히 생각만 하고 있다. 그렇다고 내 의견이 저승부에 전달은 안 되었으면 한다. 나의 입지가 자칫 매우 곤란하게 될 수도 있기 때문이다.

저승 행진곡(行進曲) / 작사 최설도

1절
먹구름이 밀려오듯 저승사자 찾아오네
귀신같이 찾아오네 대체이를 어쩐다요
어느누가 알려줬냐 어찌이곳 알았을까
하얀안개 검은사자 몰라볼수 있겠는가

2절
잠에빠진 나의이름 공주처럼 불러주면
잠에빠진 너의이름 왕자처럼 불러주면
그얼마나 좋으련만 어찌그리 무정한가
어서가자 일어나라 시간없다 바삐가자

3절
드러워서 못가겠네 다음번에 찾아오소
한가지만 알려주지 나는이미 개명했다
저승사자 어리둥절 깨워놓고 돌아가네
저승사자 그냥가네 창백해져 그냥가네

4절
에헤이야 좋을씨고 저승사자 물러갔다
다시한번 살거라네 멋진인생 살거라네
천사같은 사자님아 그때가서 다시보세
여러분도 나와같이 끈덕지게 살아봐요

후렴
꿍지랄라 꽁자쭝짜 꿍지랄라 꽁짜쭝자
꿍지랄라 꽁자쭝짜 꿍지랄라 꽁짜쭝자

노래 가사 만드는 법을 잘 몰라 초안만 잡아 놓았는데 네 글자씩 끊어 보았다. 아마 작곡가 선생님이 누가 될지 모르겠는데 알아서 잘 해 주었으면 한다. 다만 내가 만든 큰 틀은 깨지 않았으면 좋겠다. 나는 무지해서 콩나물 배치를 할 줄 모른다. 음악을 좋아하는데 다만 거기까지인 것이다. 참으로 부끄럽다. 시간 되면 피아노도 배우고 싶고 기타도 배우고 싶은데…. 아마 바빠서 전부 다 안 될 듯하다.

예전에 계룡산에 있을 때의 일이다. 나는 명리학, 주역점술, 육효점괘, 육임, 매화역수, 적천수, 마약비법 등 수많은 공부를 한 적이 있었다. 그때 머리도 식힐 겸 음악 공부도 할 겸해서 피아노 학원을 다닌 적이 있었다. 하지만 딱 한 달 다녔다. 학원 이름이 '솔솔 피아노 학원'이던가? 그런데 선생님이 신경을 너무 못 써 줘서 연습만 하다가 돌아왔다. 학생들이 많아서인데 하필이면 내가 학원에 오는 시간대와 초등학교 학생들이 학원에 오는 시간대가 비슷하다 보니 그런 사달이 난 것이다. 그래서 더 다녀도 소용없을 거 같아 그만두었다.

나는 그 시간대 아니면 시간이 안 되었으며 학생들도 마찬가지 입장이었을 것이다.

최영미 시인이 일곱 번째 시집 『공항철도』를 펴냈다고 한다. 표제시 '공항철도'는 최영미 시인이 공항철도를 타고 가다가 차창 밖 '거꾸로 흐르는' 한강을 보고 쓰게 된 시라고 한다.

나는 해외로 돌아다니며 각 나라의 지세(地勢), 산세(山勢), 형세(形勢)를 유심히 살피고 도인도사들을 찾아다니느라 분주하다. 그러다 보니 자주 공항철도를 이용하고 있고 공항철도의 편리함을 잘 알고 있었다. 아 근데, 시인은 공항철도의 편리함 여부와 관계없이 그걸로 소재 삼아 시도 짓는구나 하는 생각이 들었다.

내가 만든 노래 가사가 하나 더 있다. 제목이 '공항철도의 검은 사자'인데 굳이 여기 싣지는 않았다. 저승 행진곡 하나만으로도 망신살이 뻗쳤는데 그것까지 하면 더는 안 될 것 같아서다. 최영미 시인이 시로 표현했다면 나는 노래 가사로 표현하고 싶었던 것이다. 한번은 저승사자 두 명이서 공항철도를 타고 가는 걸 목도(目睹)했다. 그래서 '공항 쪽에서 사람이 죽나 보다' 하고 숨죽이고 그 열차의 다른 칸으로 속히 피해 갔다. 나중에 알았는데 공항 안이 아니고 공항 주차장 쪽에서 사람이 죽었다고 한다. 공항철도를 타고 가는 사람이라도 생각하고 보는 관점에 따라 이처럼 서로 다른 것이다.

이애란 씨가 '사자 행진곡'이라고도 불리는 '저승 행진곡'을 보고 마음에 들면 한번 검토해 보았으면 한다. 그래서 나중에 운이 좋아 나에게도 돌아올 수익이 좀 있으면 몽골에서 나무 심는 데에 전부 사용하려고 한다. 그 금전이 꼭 필요한 곳 중 하나가 몽골 지역이라고 생각한다. 몽골에 나무를 심어서 심각한 사막화 방지를 해 나가야 한다. 나무를 심으면 숲이 이루어지고 그러면서 모래폭풍 발생이 줄어들게 될 것이며 황사 현상도 점차 사라질 것이다. 전 세계가 직면한 기후 변화 위기를 극복해 나가는 데 나 하나라도 일조(一助)를 하고 싶다. 더구나 몽골 주민들은 나무 열매를 잘 키워 생계를 꾸려 나갈 수도 있게 된다. 우공이산(愚公移山)이라고 하던가? 어리석은 사람이 산을 옮긴다는 이야기인데 나 역시 우공이 되고 싶다.

나는 한때 몽골에서 도 닦는다고 찾아가서는 날씨가 너무 추워서 눈만 내놓고 살았던 기억이 난다. 날씨가 어마어마하게 춥다. 상상 그 이상이다. 한국의 아주 추운 겨울 날씨라고 생각하면 안 될 것이다. 그곳 몽골에서도 완전한 사막 지역이 아닌 준사막 지역에서 수행하다 왔는데 생각보다 사막화 현상이 심각하다고 늘 생각하였고 현지 주민들도 나처럼 공감하고 있었다. 그러면서도 그들은 아무렇지도 않게 동물들을 방목하였다. 언젠가는 내가 있던 곳도 완전 사막화가 될 것이 자명하다고 여겨졌다. 시간문제인 것이다. 어떻게 해서든 막아야 할 것인데 종종 한국인들이 와서 나무를 심어 주고 간다는 것을 몽골 사람들이 말해 주었다.

몽골인들은 자력으로 나무를 심을 생각을 전혀 하지 않고 있었다. 그들은 나무 심기만으로는 답이 나오지 않는다고 말하였다. 참 안타까웠다. 내가 그곳에 있는 동안 몽골인 통역사가 한 명 있어서 가끔 내가 온 곳에 왔다 가곤 했다. 그녀는 울란바토르에 있는 대학에서 한국어 학과를 나왔다고 한다. 한국어를 유창하게 구사해서 처음엔 한국인인 줄 알았다. 울란바토르에서 대학을 졸업하고 얼마 후 한국으로 가서 4년을 또 있다가 왔다고 하였다. 그녀의 부모님들이 바로 내가 있는 그곳에서 많은 가축을 키우며 살고 있었는데 그녀의 안내로 내가 이곳으로 오게 된 것이었다. 당시 그녀는 결혼을 일찍 해서인지 20대 후반 이었는데 애가 3명이나 있었던 걸로 기억한다.

'저승 행진곡' 관련해서는 여기까지만 하고 잠시 점집 광고를 하려고 한다.

> 그대 태산북두를 아는가 모르는가
> 차사(差使, 저승사자)도 따돌리는 개명 역술, 천리(天理) 역학 태산북두
> 오래 살고 볼 일이다. 그 이름 태산북두
> 잊지 말자 태산북두
> 기억난다 태산북두

광고에 민감한 분도 많을 것이다. 그냥 못 본 척하고 지나쳐 주기 바란다.

그리고 퇴마는 내 전문이 아니다. 전문이 아닌데 왜 그리 이쪽으로

문의가 많이 오는지 모르겠다. 퇴마를 많이 행하긴 했지만 성공한 적이 많지 않으니 하는 말이다. 그래서 이쪽 분야 계통에 있는 업자들은 나를 가리켜 '도망자'라고 부른다. 그래도 나 나름대로 귀신을 사람 몸에서 떼어 놓는 건 아주 귀가 막히게 잘하는데 떨어져 나간 귀신 중에 어디로 가야 할지 몰라 하다가 옆에 내가 있으니 우선 나한테 다가온다. 그러니 기겁하는 것이다. 그때는 나도 어쩔 수 없다. 못 오게 하려고 별짓 다 해도 안 되면 후다닥 줄행랑이다. 참으로 쪽 팔리지 않을 수 없다. 내가 성공을 못 했다고 하는 이유는 떼어 놓은 다음에 얼마 후에는 다시 원래의 사람 육신에 붙어 버리니 과연 성공이라고 일컬을 수 있겠는가 말이다. 의뢰인으로부터 돈은 이미 받았으니 돌려줄 의무는 없다. 하지만 이는 양심의 문제이다. 문제가 계속되었다.

그래서 무구(巫具)를 자주 바꾸어 보기도 하였다. 이 방법 저 방법 계속 시도해 보는 것이었다. 한국에 있는 무속인 전문 매장에 수입산 퇴마봉을 전문적으로 파는 곳이 있다. 중국산이 대부분이나 가끔 일본산이나 태국산도 나오고 있다. 한국산도 있지만 거의 조선시대에 쓰이던 골동품이고 지금 생산하는 곳은 없는 것으로 알고 있다. 물론 내가 잘못 생각할 수도 있을 것이다. 공장에서 기계로 대량으로 찍어 내는 게 아니고 극소수의 개인업자가 아주 가끔씩 제작하고 아는 사람에게만 전해 주고 하는 식이니 말이다.

태국 쪽은 좀 생소했다. 그래서 한번은 태국산 퇴마봉을 주문해서

흐뭇하게 바라보고 내일의 부푼 기대를 가졌었다. 하지만 세워둔 퇴마봉에서 그것도 태국 귀신이 거기에서…. 기어 나와서 까무러치는 줄 알았다. 거짓말 아니고 기어서 나왔다. 퇴마봉을 주로 세워서 놓으니까 서서 나오면 또 모를까 기어서 살금살금 다가오는데 얼마나 놀랐겠는가? 소리 없이 다가오는데 일반 사람들은 눈치를 전혀 못 챘을 것이다. 하지만 나는 어떤 느낌으로 바로 알아챈다. 영안이 열리기 전에는 그런 느낌을 전혀 느끼지 못했다. 더구나 퇴마봉이 귀신을 물리치는데 쓰이는 주(主)된 무구(巫具)인데 거기에서 귀신이 기어 나오리라고 누가 상상이나 했겠는가 말이다. 가짜 퇴마봉인 것이다. 그런 저질 퇴마봉을 파는 인간들도 있다. 나중에 알고 보니 그 퇴마봉엔 피가 묻어 있었다. 아주 조금인데 쫙 부려진 것으로 보아 살인 사건이 일어난 것으로 추정한다. 영혼 귀신이 거기서 나왔으니까 말이다. 퇴마봉 원래 색깔이 거무칙칙한데 피가 살짝 뿌려져 잘 알아보기도 힘든 데다 피 색깔이 시간이 오래 지나면 퇴마봉 색깔과 비슷한 거무칙칙으로 변하여 버린다. 그러니 알아채지 못하는 것이다. 이 때문에 퇴마봉을 집 안으로 함부로 들이면 사달이 날 수 있다. 일반인들은 그게 멋지게 보여도 구입하는 것은 자제하는 게 좋을 듯하다. 사람 일은 늘 알 수가 없으니까 말이다.

퇴마에 대해 계속 이야기해 본다면 짧으면 한 달 안쪽으로도 빙의관련 퇴마의식을 받은 사람에게 다시 원래 증상이 일어난다. 그 잡귀가 멀리 안 가고 어딘가에 숨어 있다가 슬슬 원래 있던 사람의 육신 쪽으로 조금씩 다가가기 시작한다. 그리고 어느 날인가가 되면 나에게 의뢰한 그 집에서 전화가 온다. 증상이 또 생겼다고 말이다. 그래서 이것저것 챙겨서 가 보면 다시 빙의가 된 경우가 아주 많았다. 성공한 적이 몇 번 있긴 있었다.

한번은 퇴마를 하고 나서 보니 저 먼 곳에서 혼자 울고 있는 어린 영가가 있었다. 그 애는 내가 퇴근하는 것을 기다렸다가 따라왔다. 그날따라 보슬비가 내리고 있었다. 비 때문이었을까? 처음엔 뒤따라오는 줄도 몰랐다. 어느 정도쯤 가다가 이상한 느낌이 들어 보니 저 멀리서 그 아이 영가가 커다란 곰 인형을 들고 아무 생각 없이 따라오고 있었던 것이다. 어린 영가니까 인형 이야기를 많이 해 주고 달래며 이런 식으로 가끔 성공한 적이 있는데 그 외는 아주 드물다. 그 애의 경우도 나의 내공이 상당하기 때문이 아니라 내가 한심해 보여서 간 것 같다. '저 인간에게 붙어 봤자 인형 이야기만 하는 거 봐선 다른 장난감은 사 줄 의향이 전혀 없을 거 같으니까 별 볼일 없겠다' 하고 말이다. 그 애는 어디로 갔을까? 죽었을 때 저승사자가 데리고 간 게 아니니까 저렇게 이승에서 방황하고 있다는 것이고 저승사자 수첩에 등재될 때까지는 어딘가에 계속 머무르거나 또는 다른 사람 육신에 빙의를 시도할 것이다. 저승사자가 잘 데리고 갈 그때가 언제쯤일까? 비 오는 날은 그 아이 생각이 유달리 많이 난다. 이쪽 분야에 있는 나 같은 사람의 세상은 또 이렇게도 흘러가고 있었다. 모두가 각자 갈래갈래 여러 갈래로 가는 것처럼….

22. 가수 이상은과
삼도천, 염도천, 염솔천

삼도천(三途川)은 죽은 사람이 건너는 강으로 이승과 저승의 경계에 있는 강이다. 내 천(川) 자를 썼지만 천보다는 크고 강보다는 작다고 보아야 한다. 한자 쓰여진 그대로, 건너가야 할 길이 세 갈래로 되어 있는 물가란 뜻인데 삼도천(三途川), 염도천(閻途川), 염솔천(閻率川) 이렇게 세 갈래로 되어 있다. 염은 염라(閻羅)대왕이라고 할 때 쓰는 염(閻)과 같은 한자이고, 솔은 석가여래가 지상계로 내려오기 전에 있었던 도솔천(兜率天)의 솔을 쓴다. 세 개의 물갈래를 전부 다 부르면 번거로우니까 그냥 삼도천이라고 하나만 부르게 된 것이다. 그리고 사람이 죽었을 때 황천길(黃泉길)로 간다고 하는데 이는 망자가 죽은 뒤에 가는 길로 대문 밖을 떠나서 삼도천을 건너고 저승을 향해 가는 길을 뜻한다.

'공무도하가' 이야기는 여러분도 대략 알고 있을 것이다.
곽리자고라는 사람이 새벽에 일어나 강 위에서 배를 저어 갔다. 그 때 흰 머리를 풀어헤친 어떤 미친 사람(白首狂夫)이 술병을 들고 어지럽게 물을 건너가고, 그의 아내가 쫓아가며 그를 말렸다. 그러나 그 남자는 아내의 말을 듣지 않고 결국은 물에 빠져 죽었다. 이에 그 아내는 공후라는 악기를 타며 '공무도하(公無渡河)'라는 노래를 지어 불렀는데, 소리가 매우 구슬펐다고 한다. 노래가 끝나자 그녀도 스스로 몸을 던져 물에 빠져 죽게 된다. 곽리자고가 집으로 돌아와서 그의 아내 여옥(麗玉)에게 그가 본 광경과 노래를 이야기해 주었다. 여옥은 슬퍼하며 그녀 역시 공후를 안고 그 소리를 본받아 타게 되니 듣는 사람들이 모두 슬퍼했다. 여옥은 그 노래를 이웃 여자 여용(麗容)에게 전해 주었고 그 후 공후인(箜篌引)이라는 별칭도 갖게 된다. 시대가 고조선으로 추정되는데 당시 중국에서도 이 노래가 불렸다고 한다. 지금처럼 대중가요인 듯하다.

내가 알고 있는 중국인 선생님이 세 분 있다. 한 명은 한족 엘리트 여성분으로 오래전에 한국으로 귀화했는데 중국 공산당이라면 치를 떨고 몸서리를 친다. 할아버지, 외할아버지 시대부터의 가족사(家族史)를 들어보면 참 안타깝다. 그분 포함 다른 한족 선생님들에게 '공무도하가' 이야기를 자세히 해 주고 중국에서 어떻게 받아들이고 있는지 궁금해서 조사를 의뢰한 적이 있는데 시간이 흘러 답장이 왔다. 세 분 전부 중국인들은 이 노래에 대해 전혀 모른다고 하였다. 그래서 내 생각인데 아주 예전에는 고조선의 노래가 중국에서도 유행했지만 지금은 아예 잊혀진 게 아닐까? 한다.

외국인들이 내게 한국의 아주 오래된 옛날 노래를 알려 달라고 하면

이 가사를 소개하는데 노래를 어떻게 부르냐고 물어본다. 모른다고 답했다. 부끄럽지만 나도 궁금하다. 고조선 시대에는 '공무도하가'를 대체 어떻게 노래로 부른 걸까? 여옥에게 물어볼 수도 없고….

공무도하가(公無渡河歌) / 백수광부(白首狂夫)의 처(妻)

公無渡河 (공무도하)	임이여, 물을 건너지 마오
公竟渡河 (공경도하)	임은 결국 물을 건너시네
墮河而死 (타하이사)	물에 빠져 죽었으니
當奈公何 (당내공하)	가신 임을 어이할꼬

가수 이상은(1970~)이 '공무도하가' 노래를 현대 버전으로 새롭게 부른 것이 있다. 그녀는 옛날에 '담다디'란 노래로 대히트를 쳤던 가수이다. 백수광부의 처가 부른 '공무도하가'와 이상은의 '공무도하가' 모두를 내가 유심히 살펴보는 부분은 바로 강물이다. 이곳으로 들어가다 보면 결국 죽게 되는 것이고 물속으로 들어가지 않으면 사는 것이다. 이쪽은 이승이고 저쪽은 저승이다.

무속인 우보살은 백수 광부의 처가 바로 무속인이라고 말했다. 자기들 직업의 원조(元祖)인 것이다. '공무도하가'의 경우와는 조금 다르지만 무속인들이 자기 의지와 상관없이 물속으로 들어가서 죽는 경우가 있다. 물속에 빠져 죽은 사람의 혼령을 위로하거나 천도제를 지내기 위해서 물가에서 굿을 하다가 물귀신에 끌려서 굿을 하던 무속인이 물속으로 천천히 걸어 들어가게 된다. 물귀신이 갖고 있는 당김의 법칙이 무속인에게까지 적용되는 순간이다. 그런데 빨려 들어가는 쪽은 의식이 무의식 세계로 들어가는 바람에 자기가 빨려 들어가는 줄도 모르고 물속에서 죽게 된다. 그래서 물가 옆에서 굿을 할 때는 무속인 혼자 치성을 드리거나 하지 않고 보조자들 두 명, 세 명이서 함께 하게 된다. 만약의 일을 대비하기 위해서다.

혹시 여러분 중에 무속인이 물가에서 굿을 하다가 빠져 죽었다는 이야기를 듣지 못하였는지 궁금하다. 나 어릴 때만 하더라고 그런 일이 있었다. 그래서 그렇게 무속인이 빠져 죽어서 마을 분위기가 흉흉한데 신발(神發)이 세다는 다른 무속인이 그 소문을 듣고는 큰소리치며 같은 자리에서 굿을 해 주다가 물에 빠져 죽는 일도 있었다. 내가 업무상 대면해 본 무속인 중 자존심이 일반 사람들보다는 훨씬 강한 무속인들이 많았다. 점 보러 가면 은근히 자존심이 강한 무속인들이 있다는 것을 느낄 것이다. 그래서 자신을 맹신하게 된다.

하지만 물귀신들이 바라는 바가 바로 그것이다. 혼자 하게끔 말이다. 순간 거기에 걸려드는 것이다. 무슨 말인가? 처음에 굿을 의뢰받은 무속인은 현장 답사를 가게 된다. 가서 굿을 할 위치를 어떻게 잡을 것인지, 무엇을 준비해서 갈 것인지, 물귀신이 있는지 등을 발품을 팔아 현장 답사를 하는 것이다. 이때가 문제가 된다. 이미 인간들의 낌새를 알아챈 물귀신은 굿을 한다는 정보를 입수하게 된다. 그리고 굿을 하게 될 무속인이 그곳을 현장 답사하러 올 것이라는 것을 알게 된다. 무속인만 준비하는 게 아니라 물귀신도 덩달아 준비를 하는 것이다. 불리한 조건이다. 밖에서 물속은 안 보이지만 물속에 있는 자는 물 밖을 잘 보고 있기 때문이다.

가수 이상은 씨는 '공무도하가' 이외에도 '삼도천'이란 노래도 불렀다. 나는 무속인 우보살과 자주 삼도천에 대해서도 이야기하였다. 그녀는 신령을 통해 보이는 것을 내게 이야기해 주었는데 그녀가 본 삼도천, 염도천, 염솔천이 내가 영안으로 보는 세계와 대체로 일치하였다.

어느 날 마하선사를 찾아 갔다. 마하선사는 나이가 지긋하다. 70을 훨씬 넘었을 것이다. 내가 가끔씩 찾아간다. 평생을 혼자 생활해 왔고 앞으로도 혼자일 확률이 높다. 서로 거리는 멀지만 그분도 계룡산, 나도 계룡산에 터를 잡고 있다. 나는 이미 방향을 틀어서 수행보다는 거의 태산북두를 운영하는 데에 신경을 쓰고 있지만 그분은 고단한 수행 생활을 지금도 하고 있다. 그렇지만 한 번도 웃음을 잃은 모습을 못 보았고 화내는 것은 더더욱 보지 못했다.

사람이 살아가면서 해서는 안 되는 것 중 첫 번째로 중요한 것이 있다. 바로 화를 안 내는 것이다. 화를 내게 되면 당사자인 사람은 모르지만 모든 기의 흐름이 역행하게 된다. 또한 그 기운이 나중에는 가라앉은 듯하지만 오랫동안 미세하게 무의식 속으로 들어가 남게 된다. 도를 닦는데 아주 치명적이다. 무의식 세계에서도 흔들림 없는 것이 도(道)라는 것인데 아주 작은 기운인 화가 도 주위를 살살 돌아다닌다. 안 좋은 것이다. 일반 사람들도 마찬가지다. 오늘 아침 출근하면서 '살면서 가장 중요한 것이 화를 안 내는 것이다'라고 굳게 생각하며 '오늘은 또 어떤 즐거운 일이 나를 기다리고 있을까'를 상상하면서 가벼운 걸음으로 출근하면 좋을 것이다. 오죽하면 천상계에서도 이 원칙은 지켜질까…. 그래서 대단히 중요한 것이다.

얼마 후 나는 이번엔 무등산에서 기도하고 있는 정 도령을 찾아갔다. 정 도령이 그나마 나이가 가장 어리기도 하고 내가 찾아가니 밖에까지 나와 반갑게 맞아 준다. 은근 슬쩍 물어본다.
"정 도령, 아 글쎄 삼도천 옆에 있는 염도천에…."
그리고 살짝 기색을 살펴본다.
가만히 말없이 듣고 있다. 옳거니. 문제없겠다 싶어 바로 말해 버린다.
"염도천 옆 가까운 곳에 보면 별상 선녀라는 간판을 내걸고 영업을 하던데 그녀가 선녀인가요? 혹시 누군지 알 수 있을까요?"
순간 정 도령이 갑자기 나를 쳐다보는 모양이 아까 따뜻하게 맞아 주던 그 웃음기는 이미 3,000년 전에 사라진 듯하다.
"별상 선녀라…. 그것까지 보신 건가요?"
"아 네…. 그러니까 2층집이던데 맞는 거죠?"
"2층집 맞습니다."

그가 아주 난처해한다. '여기서 물러서면 안 된다. 일단 말이나 해 보자. 안 되면 말고' 하고 생각하며 "좀 알려 주시면 안 될까요? 단지 궁금해서 그럽니다. 아니 주막도 아니고 무슨 그런 게…."
좀 어색한 분위기가 순간 지나갔다.
"거긴 영업하는 것도 아닙니다. 선녀가 살고 있지도 않습니다."
"그래요?"
"…."
"제가 도력이 많이 딸려서 깊이까지 알지 못해서요."
"그럼 거기까지만 아셔도 되지 않을까요? 그리고 어서 수행 정진하셔서 정과(正果)를 얻으셔야지요…. 그럼 더 많은 것을 알 수가 있습니다."
'젠장. 그걸 내가 모르나. 내가 더 오래 수행했는데….'
정 도령에 대한 아쉬움이 밀려 나갔다가 다시 내게 돌아왔다.

마하선사에게도 똑같은 질문을 던졌는데 알려 주지 않아서 계룡산에서 이곳 무등산을 찾아왔는데 답변을 해 주지 않는다. 참 친하게 지내기 많이 힘들다. 모르는 게 있으면 서로 알려 주면 얼마나 좋을까? 상생의 이치를 나보다 더 잘 알 텐데 말이다.

도인도사 세계가 이 모양이고 보니 그들이 알고 있던 내용들이 전부 유실되고 만다. 자기가 깨달은 것들을 하나하나 세상에 내놓아야 하지만 그렇게 하지 않는다. 옛날에 도인도사들이 그러더니 지금도 또 이러고 있다. 만약에 제자를 육성하지 않는다면 일반 사람들이 전혀 알 수 없는 소중한 정보들이 전부 사라질 것이다. 그리고 저들은 100% 제자를 거두지 않을 것이다. 5명 다 자주 폐관(閉關)을 한다. 수행에 방해가 안 되도록 모든 것을 도 닦는 것에 집중하겠다는 뜻이다. 물론 그렇게 한다는 것 자체가 쉬운 일이 아니다. 우리가 사찰에서 시행하는 동안거(冬安居)를 떠올리면 된다. 사찰에서 동안거니 하안거니 그거 한다고 텔레비전에 가끔씩 나오곤 한다. 도파(道派)의 폐관과 비슷한 것이다. 저 다섯 분은 이미 저승세계가 존재하고 천국 세계가 실제 존재한다는 것을 벌써부터 알았으니 자기 도 닦기도 무척 바쁠 것이다. 더 좋고 높은 곳으로 가기 위해 말이다. 지금 저 분들은 자신이 죽은 후 가게 될 천국 수준을 얼마나 높이느냐가 관건일지도 모른다. 참으로 국가적으로도 손해가 아닐 수 없다.

미국 정부에서는 이미 UFO를 실제 존재하는 것으로 결정하고 연구를 시작했으며 조만간 영혼 분야도 영매들과 함께 차츰 과학적으로 접근하려고 노력할 것이다. 미국이 초강대국이 될 수밖에 없는 걸 내가 지금 겪고, 보고 있는 것이다.

우선 UFO의 경우를 본다면, 최근에 미국 정부가 UFO의 존재를 인정하는 취지의 보고서를 공개했다. 미국 국가정보국장실에 따르면 2004년부터 주로 군에서 포착한 정체를 알 수 없는 비행체가 144건이 있었다. 그중 1건의 실체가 밝혀졌고 나머지 143건의 존재는 명확하게 밝혀지지 않았다는 것이다. 그 한 건은 수축하는 큰 풍선으로 밝혀졌고 나머지 143건은 정확하게 설명할 수 없다는 입장을 내놓았다. 이번에는 외계 생명체와 UFO의 관련성을 부정하지 않았다는 점이다. 외계인이 정말 존재할지 모른다는 가능성을 미국 정부가 인정한 셈이다.

다음은 미국인 영매(靈媒)에 대해서 말해 보겠다. 에드가 케이시(Edgar Cayce, 1877~1945)는 미국에서 유명한 초능력자로 알려졌으며 일설에는 그가 한국전쟁을 예언하기도 했다고 한다. 한마디로 미국판 도인도사인 것이다. 에드가 케이시는 어렸을 때부터 초감각적 지각을 보였다고 한다. 노는 것도 남달랐다. 케이시는 하늘로 돌아간 자신의 윗대 영혼 조상님과 자주 놀았다고 한다. 어릴 때부터 일반인과는 다른 분야의 길을 가고 있었던 것이다. 그리고 성인이 되고부터는 자신이 어떠한 능력을 가졌다는 것을 확실히 자각하게 되었고 자신의 능력을 다른 사람들을 돕기 위해 사용하려고 마음먹었다고 한다. 그래서 그때부터는 사람들을 돕는 일에 나서게 된다.

케이시는 한국의 손님들이 점집을 찾아와 궁금한 것을 물어보면 대답해 주는 것처럼 자신의 영적인 능력을 통해 방문객의 질문에 대해서 답을 제시하거나 예언을 남겼다. 한국과 다른 점이 있다면 방문객으로 하여금 소파에 편안히 누운 다음, 조용히 눈을 감고, 배 위에 손을 올린 후 명상 상태에 빠지게 하거나 잠에 들게 하는 것이었다.

이러한 상태에서 그는 다양한 질문에 대한 그만의 답을, 그리고 예언을 남겼다. 케이시의 초능력을 활용하여 자신의 고민을 해결하러 찾아온 방문객들은 다양했고 그 수도 상당히 많았다고 한다. 비공식적으로는 특히 군인들이 자주 케이시를 방문했다고 한다. 그의 능력을 군사 분야에 적극적으로 활용하기 위해서였고 이는 곧 국익을 강화하는 데 도움이 되기 때문이었다. 물론 대부분은 일반 사람들이 케이시를 방문하였는데 케이시는 자신의 능력을 단 한 번도 돈을 벌기 위한 목적으로 활용한 적이 없었다고 한다.

만약 한국의 경우라면 어떻게 되었을까? 한국에서 어떤 사람이 케이시처럼 영적인 능력을 갖게 되는 순간 그것을 활용하여 그가 만든 종교단체의 수장(首長)으로 등극하기도 하거나 떼돈을 벌려고 달려들 것이 뻔하기 때문이다. 케이시는 그러하지 아니하였다. 그런 것을 굉장히 경계하였다. 충분히 그럴 수도 있었는데 말이다. 내가 볼 때 그는 영적인 능력도 상당히 뛰어났지만 인격이나 인성도 굉장히 올바른 사람인 것 같다. 미국은 여러모로 복 받은 나라가 아닐까 한다.

케이시 이야기에서 조금 벗어나지만 우리 일반적인 사람들은 어떤 종파, 어떤 교리에 묶여서 거기서 헤어 나오지를 못한다. 어느 날 나의 도량에 와서 점을 보면서도 계속 예수님 안 믿으면 지옥 간다고 하는 사람들을 많이 만나 봤다. 그럴 거면 이런 누추한 곳에 오지를 말든가 왜 남의 도량에 와서 내게 그런 이야기를 하는지 모르겠다.

내가 영안이 열리자 가장 궁금했던 것이 석가여래, 예수 그분들이 누구인지 매우 궁금하였다. 그래서 영안을 열어 첫 번째로 알아본 것이 그것이었다. 그래서 석가여래가 누구이고 예수가 누구인지 그때 알게 되었다. 석가여래가 하느님의 제자이고 예수는 하느님의 아들이자 제자라는 것을 알고 있는 사람들이 몇 명이나 되는지는 모르겠지만 내게 함부로 그렇게 말하는 것은 예수 그분을 모독하는 것이다.

니케아 종교회의가 개최되기 전에 이집트 알렉산드리아의 사제(司祭)인 아리우스란 사람이 "신(神)이란 것은 궁극적이고 영원하며 불가지(不可知)한 존재지만 예수는 지상에서 태어나고 십자가에 못 박혀 죽은 것이 명확하기 때문에 신(神)이 될 수가 없다"고 주장하였다. 아리우스 사제가 "신은 궁극적이고 영원하며 불가지한 존재이다. 그리고 예수는 지상에서 태어나고 십자가에 못 박혀 죽은 것이다"라고 한 것은 나도 맞다고 본다. 하지만 갑자기 끝에 가서는 "신일 수가 없다"고 하였다. 나는 이것을 오판한 것으로 본다. 그건 아리우스가 인간의 입장에서 본 것일 뿐이다. 내가 영안으로 본바 예수는 하느님의 아들이자 제자가 맞다. 나의 도력이 낮아 상천계 안쪽으로 쏙 들어가지는 못하고 상천계와 중천계의 경계선에서 상천계에 존재하는 어마어마한 천국을 많이도 보았다. 그중 석가여래의 서방 정토와 예수의 천국은 단연 빛나고도 밝았다. 그리고 아들? 뭐 따지고 보면 우리들도 하느님의 분신으로 태어났으니 하느님의 아들딸이 되겠지만 원리적으로만 보자면 예수만이 해당이 될 수 있다는 것이다.

어쨌든 예수는 신이고 예수를 모독하는 것은 더 나아가 하느님을 모독하는 것이 되지 않을까 한다.

이 이야기를 굳이 왜 할까?
내가 손님에게 "도를 많이 닦고 수행을 많이 한다면 천국에 갈 수 있습니다. 게다가 선행의 공덕을 쌓는다면 더더욱 좋습니다. 하늘에서 무척 기뻐하십니다"라고 말한다면 그 말을 붙잡고 늘어지는 손님이 있다. "아니다. 아무리 도를 많이 닦고 수행을 많이 해도 그리고 선행을 해도 예수님 안 믿으면 지옥 간다"는 것이다. 처음에 난 그 소리를 듣고 나서 내가 지금 다른 세상에 와 있나 하고 한번 주위를 둘러볼 정도였다. 이런 일은 치어 보지 않는 사람은 내가 이런 말을 해도 전혀 이해하지 못할 것이다.

정말 속된 말로 환장한다. 그래 환장해도 좋다. 나야 그렇다 치고 그렇게 단정해 버리면 예수를 가두게 되는 것이다. 왜 그렇게들 하는가? 그런 언행은 자신뿐 아니라 그 말을 듣는 일반 사람들까지 가두는 것으로 죄악이다. 더구나 성자(聖子) 예수를 모독하는 것이 아니고 무엇이란 말인가? 하지만 그런 사람들도 도량에 많이들 찾아온다. 어떻게 해서 그런 생각을 갖고 있는 사람이 많은 건지 그것도 궁금하다. 찾아온 손님들이 팔도강산에서 찾아오는데 서로가 평소 아는 사이는 한 명도 없을 것이라 여겨진다. 그런데 어찌 그리 말들이 하나도 안 다르고 똑같으냐 말이다.

그렇게 예수 안 믿으면 지옥 간다고 내게 지지 않고 말해 댄다면 이렇게 말하고 싶다. "아이가 엄마 배 속에서 태어나자마자 처음부터 예수 믿고 기도만 가르치는 것이다. 그 외 아무것도 할 필요가 없다. 다른 것들이 무슨 의미가 있겠는가?" 하지만 또 한편으로는 이렇게도 생각했다. '저분들은 나를 공부시키기 위해서 예수가 보내 주신 천사들이다. 왜 그걸 알지 못하는가' 하고 마음을 고쳐먹었다. 그분이 나에게 '도량을 운영하면서 너의 도움이 필요한 사람들에게 도움을 주고 나중에 이승을 떠날 때가 되거든 조용히 차원세계로 돌아가면 될 뿐이다. 너도 저렇게 살면 안 되니 스스로 끊임없이 각성하여 저들처럼 종교에 매이고 교리에 묶여 있는 사람이 되어서는 안 된다. 거기를 떠나지 못하고 그것을 전부인 양 착각하며 살지 말거라' 하고 말이다.

저렇게 신앙생활하는 것은 소처럼 매이는 것이다. 소가 자기를 말뚝에 매지 않았다. 주인이든 누구든 간에 그가 소를 매어 놓았을 것이다. 다만 차이가 있다면 사람은 소와 달리 본인 스스로가 원해서 매인 것이라고 본다. 매여 있는 소를 보라. 그가 어디 멀리 갈 수 있는가? 소의 반경은 묶여 있는 그 자리에 불과하다. 더 이상 나아갈 수 없다. 저 동네는 무엇이 있고 보이지 않는 저 산 너머에는 또 무엇이 있는지 알지 못한다. 묶여 있는 자리에서 입과 혀가 닿는 데에 있는 풀을 뜯어 먹으며 다른 곳에 있는 수많은 풀을 먹어 보지 못한다. 세계적으로 존재하는 식물의 종류가 30만 개가 된다는데 그중 독풀을 제외하고 소가 먹을 수 있는 풀 종에 얼마나 많은 종류의 풀을 먹어 보았겠는가 말이다. 이처럼 단절된 자기만의 세계에 스스로 갇혀 버리는 것이다. 사람도 마찬가지여서 자기가 매여 있으며 공부하여 알고 있던 지식이 그의 전부가 된다. 그리하여 그것을 토대로 사고(思考)가 형성이 되는 것이다. 크나큰 병폐가 아닐 수 없다. 나만이라도 그러지 말자고 다짐한다. 나 역시 매여 있는 소처럼 될 수가 있기 때문이다.

미국인 도인도사 에드가 케이시를 다시 살펴보자. 이렇게 그는 많은 활동과 풍성한 예언을 하며 자기가 갖고 있던 영적 능력을 모두 자기 나라에 주고 하늘세계로 갔다. 하지만 한국은 어떤가 말이다. 내 생각엔 국가에서 내가 알고 있는 마하선사 등 다섯 분을 국사(國師, 나라의 스승)로 삼지는 못할지언정 그들의 말을 한번 귀담아 보고 여러 정책들을 결정하거나 실행할 때 도움을 받을 수 있도록 해야 한다. 만약 그들의 말이 틀리고 맞지 않는다면 쓰지 않으면 될 것이다. 국가 입장에서는 손해 볼 일이 없다는 것이다.

베트남 파병 문제로 고민하던 박정희 대통령은 스스로가 해결을 하지 못하자 그의 곁에는 늘 술병이 나뒹굴었고 재떨이엔 담배꽁초와 담뱃재가 수북이 쌓였다. 그리해도 어떻게 해야 할지 몰라 청와대 밖으로 눈을 돌렸다. 그때 만나 사람이 상월(上月, 1923~1974) 조사(祖師, 어떤 종파나 학파를 처음 세운 사람)다. 박정희 대통령은 상월 조사를 찾아가서는 자신의 고민을 이야기한 것이다. 상월 조사는 묵묵히 박정희 대통령의 말을 듣고는 파병을 권하게 된다. "만약 한국이 파병을 안 한다면 미국은 더는 가만있지 않을 것이다. 현재 한국에 주둔한 미군을 베트남전의 지상군으로 배치할 것이라고 으름장을 놓고 있는 상황이니 말이다. 그렇다면 한국 쪽에서 파병 조건을 다는 것이다. 이는 한국에게 있어 가장 중요한 것으로 미국으로부터 반드시 파병의 대가(對價)를 최대한 많이 받아 오는 것이다. 그리하면 그것으로 한국이 장차 일어설 수 있는 좋은 기회가 될 수 있다는 것이다. 그리고 차후 전개될 구체적으로 어려운 상황들은 그때그때마다 여차저차 처리해 나가면 될 것이다"라고. 박정희 대통령이 청와대로 돌아올 때 얼마나 기뻐했는지는 누가 봐도 잘 알 것이다.

계룡산 마하선사 등의 실력이 상월 큰스님을 넘어설지 어떨지는 모르겠지만 그렇다고 뒤떨어진다고는 생각되지 않는다. 어째서 그들의 능력을 활용하여 국난을 헤쳐 나갈 생각을 하지 않는 것인가? 진지하게 묻고 싶다. 그들이 에드가 케이시보다 능력이 떨어져서인가? 설사 떨어진다 해도 5명이나 된다. '백지장도 맞들면 낫다'고 하지 않았던가 말이다.

하지만 계룡산 마하선사 등 다섯 분 모두가 거절해 버린다면 그것도 참으로 곤란하다. 그래서 이분들 외에도 도를 닦아 깨우친 분이 있다면 이젠 세상 밖으로 나와 조국을 위해 헌신(獻身)해야 한다고 여긴다. 도인도사들은 수준 높이기를 이제 그만해도 되지 않을까 한다. 대체 얼마나 올라가야 만족하겠는가?

영가 대사는 이렇게 도만 닦는 도인도사들을 보고는 안타까운 심정으로 시를 읊었다.

증도가(證道歌) / 영가대사(永嘉大師)

君不見 (군불견)
그대여 보지 못하는가?

絶學無爲閒道人 (절학무위한도인)
배움이 끊어진 할 일 없는 한가한 도인은

不除妄想不求眞 (부제망상불구진)
망상도 없애지 않고 참됨도 구하지 않네

無明實性卽佛性 (무명실성즉불성)
무명의 실성이 바로 불성이요

幻化空身卽法身 (환화공신즉법신)
허깨비로 된 빈 몸이 법신이로다

지구별에 그나마 도인도사 명맥을 유지하고 있는 두 나라가 있으니 바로 한국과 중국이다. 이 두 나라밖에 없다. 내가 중국 아미산에서 수도할 때 벽곡을 하며 동굴에서 아직도 도를 닦는 사람들이 있었다. 벽곡이 무엇인가? 벽곡(辟穀)은 곡물(穀物), 즉 오곡(五穀, 쌀·보리·콩·조·기장)을 먹지 않는 것으로, 도교의 수행법 중 하나이다. 이는 정신이 육체에 속박되어 있으며 육체는 음식을 먹음으로써 보전

되기 때문에 절식(節食)하면서 화식(火食)을 끊으면 정신도 자유로워져서 오래 살 수 있다고 한다. 오곡은 조잡하고 불순한 기(氣)로 이루어져 있기 때문에 이것을 먹고 사는 인간이라면 죽게 되는 것은 지극히 당연한 일이므로 불로불사를 원하는 사람은 반드시 이것을 피하는 도리밖에는 없다는 사고방식에 따른 것이다. 이처럼 도가(道家) 수행법 중에서 보편적이면서 다양한 방법으로 행해지는 게 벽곡이다. 그럼 벽곡을 하게 되면 무엇을 먹는가? 곡식은 먹지 않으니 그 외의 것을 먹게 된다. 솔잎, 밤, 대추 등을 말이다.

그들은 도를 닦기 위해 동굴 안으로 들어간 다음에 동굴 입구를 막아 버린다. 정말 무시무시하다. 중국인들 중에서도 이런 사람들이 있다. 거기 들어간다는 것은 죽어도 좋다는 뜻이다. 내가 이렇게까지 했는데도 도를 깨치지 못한다면 차라리 죽어도 좋다고 생각하는 것이다. 2,600년 전 석가모니가 출가하여 보리수 아래에서 대결정심(大決定心)을 하게 된다. 대결정심이란 '내가 깨달음을 얻지 못한다면 이 자리를 결코 떠나지 않겠다'고 결심했던 그 마음을 말한다. 아직도 중국에서는 벽곡 등 살벌한 방법으로 도를 닦고 수행하는 이런 사람들이 꽤 있다. 내가 직접 만나 봤으니까….

옛날 성철 스님(1912~1993)이 젊었을 때 토굴에서 벽곡 수행을 하였다고 들었다. 사실이라면 대단한 것이다. 나도 중국 아미산에서 몇 달간 그렇게 해 본 적이 있었다. 하고 싶어 한 게 아니라 그럴 사연이 있었던 것이다.

그러다가 그들은 어느 날 동굴에서 좌탈입망(座脫立亡)하여 하늘세계로 돌아간다. 좌탈입망은 법력(法力)이 최고로 높은 고승들이 죽을 때 택하는 방법으로, 죽음마저도 마음대로 다룬다는 뜻이 내포되어 있다. 죽을 때 앉아서 열반에 드는 것이 좌탈이고 역시 죽음에 이르매 서서 열반에 드는 것을 입망이라고 한다. 도력이 높으면 죽기 직전 몇 분 전에 죽음의 고통을 피하기 위해 미리 영혼을 육신에서 빠져나오도록 한다. 우리 같은 일반인들은 그렇게 하는 것이 불가능하다. 하지만 계룡산 마하선사 등 다섯 분은 충분히 가능하리라 본다.

김사인의 시 중에 '좌탈(坐脫)'이란 것이 있다.

좌탈(坐脫) / 김사인(1956~) (창비 출판사)

때가 되자
그는 가만히 곡기를 끊었다
물만 조금씩 마시며 속을 비웠다
깊은 묵상에 들었다
불필요한 살들이 내리자
눈빛과 피부가 투명해졌다
하루 한 번 인적 드문 시간을 골라
천천히 집 주변을 걸었다
가끔 한자리에 오래 서 있기도 했다
먼 데를 보는 듯했다
아직 도착하지 않은 시간을 향해
귀를 기울이는 듯했다
저녁볕 기우는 초겨울 날을 골라

고요히 몸을 벗었다. 신음 한 번 없이
갔다
벗어둔 몸이 이미 정갈했으므로
아무것도 더는 궁금하지 않았다
개의 몸으로 그는 세상을 다녀갔다

성철 스님 이야기가 나온 김에 하나 더 말하고 싶은 게 있다. 내가 성철 스님에 대해 의문을 갖고 있는 것이 몇 개가 있는데 그중 하나가 '3,000배'라는 것이다. 성철 스님은 누군가를 만나 주는 조건으로 3,000배를 요구했다. 그러니 대통령, 재벌 CEO들조차도 성철 스님을 만나는 것을 포기하고 되돌아갈 수밖에 없었다. 박정희 대통령의 경우 고속도로 개통 때 성철 스님을 뵙기 위해 해인사를 찾았지만, 스님이 만나 주지를 않아 하는 수 없이 돌아갔다고 한다. 박정희 대통령이 성철 스님에게 절을 하지 않았기 때문이다. 박정희 대통령의 경우에는 3,000배는 아니고 삼배를 해야 만나 줄 수 있다고 들었다. 하지만 3,000배든 삼배든 꼭 그렇게까지 하여야 했나 하는 아쉬움이 남는다. 도를 닦는 수행자의 마음은 대우주를 품을 듯 커야 한다고 생각하고 있었는데 말이다. 물론 스님에게 다른 여러 깊은 뜻이 있었겠지만 나 같은 범부(凡夫)는 아직도 이해를 하지 못하는 부분에 해당이 된다.

23. 밖에서 이름을 부르다

참고해야 할 것이 하나 있으니 저승사자를 흉내 내는 귀신이 있으니 정말 주의해야 한다. 자다가 벌떡 일어나서 대문을 열어 주는 사람이 있다. 절대로 열어 주면 안 된다. 대문 밖이 저승이란 말이 그만큼 저승이 가깝다는 주(主)된 뜻도 있겠지만 대문이 또 하나의 산자와 죽은 자의 경계가 될 수도 있으므로 대문이나 현관문을 굳게 잠가 놓고 열어 주지 말라는 뜻이다. 그럼 언제 문제가 되는가? 사람이 잠을 잘 때에 그런 현상이 발생하곤 한다. 이런 경우 해가 있는 낮에는 해당이 되지 않는다. 밤 10시 넘어서 그런 일이 생길 수 있다. 밤에 자다가 보면 누가 내 이름을 부를 때가 있다. 그것도 아주 선명하게 귓속에 쏙 들어오게 부른다. 그렇게 이름을 부르니까 자기도 모르게 대답하며 동시에 놀라서 일어나게 된다. 자고 있는 동안에는 신체의 기능이 많이 떨어져 있다고 볼 수 있다. 그런 점을 노린 것이다. 그러니 거의 대다수의 사람들은 누군가가 자기 이름을 부르니까 무의식적으로 대답하며 일어난다. 그러지 말기 바란다. 대답도 하지 말고 일어날 필요도 없다. 무시해야 한다.

그럼 한밤중 자는 시간에 왜 내 이름을 부를까? 저승사자를 가장한 잡귀가 불러 보는 것이다. 만약에 거기에 응해서 대문을 열어 주는 것은 "내가 너에게 내 명줄을 주겠으니 알아서 해라" 하고 처분을 맡기는 것과 비슷하다고 생각하면 된다.

어느 아주머니가 이런 일을 직접 겪었는데 자기가 겪은 일을 동네 사람들에게 이야기한 후 채 한 달도 안 돼 사망하게 되었다고 한다. 그 아주머니는 밤에 자다가 자기를 부르는 소리를 듣자 대문 밖으로 나가서 누구인지 여기저기 확인해 보았다는 것이다. 아차 싶었다. 내게 이런 이야기를 해 준 사람에게 그 아주머니 지금 어디 계시냐고 물으니까 엊그제 수명을 다했다는 것이었다. 그 얘기를 듣는 시간이 좀 더 빨랐더라면 살릴 수 있는 방도가 있었을 텐데 말이다. 처음엔 무슨 소리인가 했다가 내가 알고 있던 내용들이라 깜짝 놀랐다. 아직도 이런 일들이 있다. 각별히 유의(留意)해야 한다.

이것의 정체는 무엇인가? 물에 빠져 죽게 된 귀신을 물귀신이라고 하는 것처럼 이것을 떠돌이 귀신이라고 한다. 왜 그럴까? 물귀신이 대체로 그 자리를 떠나지 않고 맴돈다면 반대로 이처럼 떠돌아다니는 귀신도 있게 된다. 보통 이런 떠돌이 귀신이 많지는 않은데 떠돌다가 어느 집 대문에 이르러서는 이름을 불러 본다. 문제는 떠돌이 잡귀가 하루에 꼭 한 번씩 불러 본다는 것이다. 1년이 365일이면 어떻게든 하루도 쉬지 않고 꼭 그 짓을 한다. 그리고 하루에 딱 한

번만 이름을 부른다.

'석명호'라는 사람이 밤에 집에서 자고 있었다. 그런데 떠돌이 귀신이 오늘은 이쪽 지역을 지나가게 되었다. 그 아파트를 돌아다니고 있었던 것이다. 다른 건 관심 없다. 오늘 이름 한 번 불러 보고는 조용히 기다려 보면 된다.

아파트 이곳저곳을 어슬렁어슬렁 여기저기 돌아다니며 오늘은 누구네 집을 불러 볼까 하다가 석명호 집을 선택하면 바로 이름을 불러 보는 게 아니라 그 집 탐색을 먼저 끝낸다. 이름을 찾아오는 것이다. 그다음엔 오늘 성공하면 영혼을 데리고 가야 하니 어디 가서 쉬고 갈까 하고 궁리부터 한다. 그러고는 준비를 끝내고 그 사람의 이름을 딱 한 번만 부른다. 그리고 그 소리는 해당 당사자만 들을 수 있고 다른 사람은 전혀 알지 못하도록 한다. 성공하든 실패하든 한 번만 이름을 부른다. 이런 식이다.

그리고 석명호가 반응이 없거나 반응이 있어서 떠돌이 귀신의 수중으로 넘어온 다음에는 그 집을 두 번 다시 방문하지 않는다. 떠돌이 귀신이 이름을 부를 때 자는 사람이 반응하지 않아 죽지 않은 후 나중에 그 집을 이사 가고 다른 사람이 이사 온다면 이사 온 사람은 그 집에서만큼은 똑같은 떠돌이 귀신으로부터 이런 일을 겪을 일이 두 번 다시는 없게 된다. 집이 중심 기준이지 사람 기준이 아닌 것이다. 하지만 이사 간 사람은 재수 없게도 떠돌이 귀신의 방문을 다시 받을 수 있다. 확률이 굉장히 낮지만 그럴 수 있다는 것이다. 로또가 당첨될 확률이 아주 지극히 낮지만 당첨되는 사람이 있듯이 말이다.

그리고 떠돌이 귀신이 불렀을 때 인지하지 못하다가 떠돌이 귀신이 '오늘은 실패구만' 하면서 돌아간 직후에 '아이고 누가 나를 불렀네. 나가 봐야지' 하고 문 밖으로 나가는 경우가 있을 수 있다. 그때는 다행스럽게도 살아난 것이다. 이미 떠돌이 귀신이 떠나고 없기 때문에 아무 문제가 없는 것이다. 그런데 떠돌이 귀신이 이름을 부르자 현관문을 열고 밖에 나가 두리번거리다가 들어온다면 이미 그때는 기다리고 있던 떠돌이 귀신과 잘못된 계약을 한 것이 된다. 잘못된 계약도 계약으로 본다는 데 문제가 있지만 양 당사자가 그에 대해서 아무 말도 안 하니 그대로 진행되어 간다.

그리고 떠돌이 귀신이 성공했다면 곧바로 영혼을 데리고 가는 게 아니라 얼마간 시간이 걸린다. 길게는 한 달도 걸린다. 소문이 돌도록 하는 것이다. 그 사람이 죽기 전에 이상한 일을 겪었다며 자기가 겪은 일을 다른 사람들에게 이야기를 할 것이다. 그것은 염라대왕이 저승사자가 잘못 데리고 온 사람의 영혼을 이승으로 돌려보낼 때 이승에서 시체가 부패될 시간이 아직 한참 남았다면 일부러 저승 이곳저곳을 구경시켜 준다. 특히 지옥의 경우는 설명까지 해 가면서 자세히 보여 준다. 이승으로 살아 돌아가서는 사람들에게 알리라는 말은 일체 안 하고 보여 주기만 한다. 그럼 그 사람은 살아 돌아온 후 반드시 그가 겪은 일을 다른 사람들에게 신나게 이야기한다. 저승부에서는 그것을 바란 것이다.

조선시대만 하더라도 그런 식으로 다시 살아 돌아온 사람이 꽤 있었는데 그 사람들의 저승 이야기가 거의 일치하였다. 왜냐하면 실제로 저승이 존재하니까 말이다. 만약 살아 돌아온 사람들 중 이 사람 이야기 다르고 저 사람 이야기가 다 다르다면 저승이란 곳은 사람들의 상상력에 의해 생겨난 것이지 실제로 존재하는 곳이 아닐 것이다. 결국 거짓말이란 이야기이다. 그처럼 이 떠돌이 귀신도 그런 식으로 소문이 나도록 하는 것이었다. 저승세계를 모방하고 있는 것이다. 저승사자가 망자를 데리고 가기 전에 이름을 부르는 것처럼 떠돌이 귀신도 또한 따라 해 보는 것이다. 그러면서 자기 나름대로의 규칙도 만들어 본다. 지능이 5살 아래이므로 그런 짓을 하는 것이다.

그 후는 여러분도 잘 알 것이다. 현관문 밖으로 나온 사람은 개인적으로 돌이킬 수 없는 길을 건너게 된다. 석명호가 그랬다. 하지만 늘 내가 그 사실을 알았을 때는 이미 하루 이틀 늦은 후였다. 그래서 현대인들은 나처럼 영안을 가진 사람의 도움이 꼭 필요한 것이다.

보이지 않는 세계가 보이는 세계에 심각한 악영향을 미치는 아주 못된 사례이다. 이래저래 지상계를 살아가는 지친 영혼들만 힘든 세상이 되었다. 사람들이 원래 차원세계에서 지상계로 내려오기 전에는 자유로운 영혼이었는데 인간 육신, 인간 육체라는 틀에 갇히게 되면서 알고 있던 기능들을 모두 상실해 버려서 모르게 된 것이지 원래는 다들 알고 있었던 내용들이었다. 영안이 열리기 전에는 나도 여러분과 똑같았다. 그런 게 있는지조차 전혀 몰랐던 것이다.

24. 갑자기 닭살이 돋다

어떤 손님이 태산북두 도량에 오셔서 상담을 받는데 자기 집 마루에서 소복귀신(素服鬼神, 하얗게 옷을 차려 입은 귀신)이 '슥-' 하고 지나갈 때가 있다는 것이다. 정말이지 아무 소리도 없이 태연스럽게 지나간다는 것이다. 자주는 아니고 아주 가끔씩 그러는데도 돌아버리겠다고 몸서리를 쳤다. 소복귀신 때문에 말이다. 그는 소복귀신을 보기 전부터 몸에 이상한 반응이 나타났다고 한다. 이 집으로 이사 오고 어느 날부터인가 닭살이 돋곤 하였지만 대수롭지 않게 여기고 지나갔는데 살면서 이렇게 닭살이 돋아나는 경우는 거의 겪어 본 적이 없었다는 것이다. 그러던 어느 날 깊은 밤에 방에서 자다가 목이 말라 물을 마시러 마루로 나왔다가 기절초풍한 것을 보게 된 것이 바로 '소복귀신'이라는 것이었다.

오래전부터 자기는 교회에 다니는 교인이고 그 일 때문에 더욱 하나님과 예수님께 열심히 기도하고는 있지만 소용없다는 것이다. 소복귀신이 지나갈 때, 그럴 때는 온몸에 닭살이 확 돋아나는데 이 귀신이 대체 누구고 왜 여기 있는 거냐고 내게 물었다. 그리고 자신이 그 소복귀신을 잘못 본 것은 아니니 몸이 허해서 그렇다는 등 잠깐 정신이 나가서 헛것을 보았다는 등 그런 이야기는 하지 말아 달라고 아예 처음부터 못을 박았다. 이 부분에서 내가 말하고 싶은 것은 전체적인 해결 과정은 과감히 생략하고 닭살이 돋는 것에 대해서만 살펴보려고 한다.

한여름인데도 갑자기 피부에 닭살이 돋고 입김이 나면서 오싹하게 추운 느낌이 들거나 머리카락이 쭈뼛쭈뼛 서는 현상을 경험한 적 있을 것이다. 아무 이유 없이 말이다. 사람마다 다르겠지만 어떤 사람은 갑자기 닭살이 돋아서 파르르 떨 때도 있을 것이다. 물론 내가 하는 말은 전부 다가 귀신과 접했다는 것이 아니다. 내 생각에는 과학적으로 피부 반응에 의한 것이 70%에 해당이 되고 나머지 30%가 귀신과 관련되어 있다고 본다.

소름과 닭살의 차이는 뭘까? 닭살은 닭의 살가죽처럼 오돌도돌하게 생겨나는 피부를 말한다. 우리가 소름 돋았을 때는 '닭살 돋았다'라고 말하기도 하는데 두 가지는 같은 현상을 말하는 것이라고 한다.

닭살이 돋는 과학적 이유로는 추울 때 털구멍(모공)으로 몸의 열이 새어 나가는 것을 막기 위한 것이라고 한다. 피부가 차가운 기운에 노출되면 뇌는 곧장 우리 각 신체 기관에 체온 유지를 하달하게 된다. 이어서 자율신경계에 의해 입모근이 수축되면서 털이 세워진다.

털이 세워지면 털과 털 사이에 공기가 채워지면서 신체 밖으로 나가는 몸의 열을 막아 주는 역할을 하기 때문이다. 그렇게 해서 닭살이 돋아난다고 한다.

그럼 춥지 않을 때는 이런 일이 일어나지 않는가? 생각해 보기 바란다. 춥지 않을 때는 닭살이 돋아나거나 오싹하는 일이 없었는지 말이다. 70%는 분명히 몸의 열이 빠져 나가지 않게 하기 위한 신체의 작동이라면 나머지 30%는 그와는 상관이 없다는 생각을 한다. 왜 이런 이야기를 할까? 여러분이 참고를 하기 바라는 마음에서 그러는 것이다. 우선 과학적인 부분 70%는 제외하고 나머지 30% 부분만 말해 본다면 영혼 귀신들이 우리 주변에 있을 수 있고 떠돌이 귀신도 수는 극히 적지만 돌아다니고 있으며 저승사자도 우리 눈에 보이지 않아서 그렇지 열심히 하늘의 공무(公務)를 수행 중이기도 하다.

시골 산속에 있던 나는 며칠 전에 누구를 만나기 위해 시내를 천천히 걸어가고 있었는데 어느 곳인가에서 사람들 몇몇이서 모여서 웅성이고 있었고 어떤 여자가 할머니를 보고 말을 하고 있었다. 그리고 그 할머니 옆에는 작은 아이가 할머니 손을 잡고 조용히 서 있었다. 잠시 걸음을 멈추고 무슨 일인가 하고 보고 있다가 뭔가 기운이 석연치 않아서 자세히 살펴보다가 깜짝 놀랐다. 그 여자는 살아 있는 여자인 것은 맞는데 할머니와 아이는 영가(靈駕)였다.

사람들은 30대 멀쩡하게 생긴 젊은 여자가 혼자서 마치 다른 사람에게 말을 하듯이 하니까 옆에 지나가다가 무슨 일인가 하고 구경하던 상황이었다. 대체 뭔가 하고 말이다. 그 여자는 할머니와 아이를 타이르고 있었던 것이었다. 무속인 같았다. 무속인 아니고서는 저렇게 영가를 보는 사람이 많지 않기 때문이다. 아무래도 이쪽 도시 주변에 무속인 신당과 기도처가 상당히 많다 보니 저 무속인도 나처럼 볼일 보러 나왔다가 할머니 영가와 그의 손자 영가를 본 모양이었다. 하지만 말하는 것으로 봐서는 이번 처음이 아닌 모양이었다. 무속인이 할머니 영가에게 애를 데리고 여기 언제까지 계속 이러고 돌아다닐 거냐고 물었는데 영가 할머니 쪽은 아무런 내색도 안 하고 잠자코 듣고만 있었던 것이었다. 무속인이 이 말 저 말 별 얘기를 다 하고 있었는데 듣는 쪽은 아무런 대답도 하지 않고 있었다. 그러고 있는 것을 보자 나는 얼른 자리를 피해서 다른 곳으로 돌아서 갔다. 죽은 혼령과 같이 있거나 바로 주위에 있으면 좋을 게 없기 때문이었다. 이처럼 영가들은 우리 주변에 있는 것이다. 사람들이 몰라서 그런 것뿐이다.

만약 이런 영가가 어떤 사람을 표적으로 삼아서 쫓아가서는 접촉을 하는 경우가 있을 수 있다. 그렇게 되면 사람 입장에서는 '이상하다 오늘 무더운 날씨에 왜 갑자기 소름이 돋아나지' 하면서 고개를 갸웃하게 된다. 또는 쫓아오지는 않더라도 아까 그 할머니 영가처럼 주변을 잠시 지나가다가 사람과 접촉할 수도 있는 등 여러 가지 많은 상황이 있을 수 있다. 더구나 영가의 기운이 살아 있는 사람의 기운과는 전혀 다르기 때문에 접촉 시 스파크가 튀기며 열이 발생하는 경우가 있다. 그렇지만 성인들은 그것을 잘 느끼지 못하는 경우가 많다. 하지만 애기들 입장에서는 다르다. 아직 성숙이 안 되었으므로 영가와 접하게 되면 몸이 갑자기 불덩어리처럼 뜨거워지게 된다. 아이 키우는 부모들 중 가끔씩 이런 경우를 접하고는 의아하게 생각한다. '애기가 왜 그러지? 이상하네. 애기 몸이 갑자기 뜨거워졌어…. 병원에 가 봐야겠다' 하고는 다급하게 병원에 가 보고 진찰을 받아 보지만 거의 뜨거운 기운은 사라져 가고 있고, 아직 뜨거운 기운이 남아 있다 하더라도 병명은 나오지도 않는다. 이런 이유다.

25. 흠칫흠칫 저수지

어떤 사람들이 저수지 옆을 지나다가 그곳을 바라보며 평화로움을 느끼며 그윽하게 바라본다. 그런데 그 사람들 중 한 명이 뭔가 섬뜩한 것을 느꼈다. '뭐지?' 하고 본인도 놀라 주변을 돌아보면 다른 사람들은 아직도 저수지를 바라보며 추억에 잠긴 듯하고 괜찮은데 자기만 흠칫하는 경우가 있다.

왜 그럴까? 물속에 있던 귀신과 주파수가 순간적으로 맞아서 그런 것이다. 사람이야 귀신을 볼 수 없으니 전혀 모르지만 귀신 입장에서는 누구인지 딱 알아챈다. 쉽게 말해서 기운을 보낸 것이 서로 감응한 순간인 것이다. 사람도 영체(靈體)이다. 하느님이 단순히 진흙을 빚어서 인간의 형상만을 만든 것이 아닌 것이다. 귀신은 영혼이 있지만 인간처럼 본체(本體)는 갖고 있지 않다. 하지만 둘의 공통점은 영혼을 갖고 있다는 것이다. 그래서 저수지, 호수, 강, 낚시터 등을 바라볼 때 이런 기운을 느끼는 사람도 있을 것이다. 이쪽으로 감(感)이 빠른 것이다. 물속에 신장 급 사악한 귀신이 있었고 재수까지 없으면 접하게 될 수도 있다. 그때는 밤에 꿈으로 나타날 수도 있다. 꿈속에서 낮에 상응했던 물귀신이 귓속에 대고 정신을 혼미하게 하며 "물속으로 들어와…. 어서 들어와…. 기다리고 있을게…" 할지도 모른다는 것이다.

저수지, 호수, 강물에 무슨 사람이 빠져 죽었다고 그런 소리 하냐고 나한테 말할 수 있다. 하지만 사람 안 죽은 곳이 어디 있겠는가? 예전에 어떤 사람들은 사람이 죽으면 땅에 매장을 하지 아니하고 물속에 수장을 하기도 하였다. 그 영혼이 전부 하늘로 간 것이 아니라면 어떻게 되겠는가?

옛날부터 도인도사들이 이런 내용들을 사람들한테 전해 줘야 하는데 도인도사들 특성상 그렇게 하지 않았다. 자기가 죽어버리면 알고 있던 것들이 맥이 끊겨 버리는 일이 생긴 것이다. 이렇게 문제가 있었지만 조선 말기까지도 이 방식은 변하지 않았다. 그래서 일반 사람들에게 필요한 것들이 전해지지 아니하고 끊겨 버린 것이 아주 많았다. 이처럼 저수지, 호수, 강물을 바라보다가 '흠칫흠칫'하는 경험을 한 사람들이 있는데 왜 그런지 그 이유를 말해 주는 사람들이 이젠 아예 사라졌다는 것이다.

26. 장례식장

여러분은 어느 날 갑자기, 순간적으로 귀신을 본 적이 있는 지 궁금하다. 그런 분도 분명히 있을 것이다. 많이 놀랐으리라 본다. 왜 그 이야기를 하냐면 내가 영안이 트인 이후에 급작스럽게 귀신을 본 경우에 해당이 되기 때문이다. 그전에는 전혀 인지를 못 했다. 귀신을 처음 '딱-' 보았을 때 그때의 느낌은 뭐라고 말해야 할까? 우선 뭔가가 석연치 아니하였고 우리와 같은 사람이라고 말하기가 조금은 곤란하였으며 그리고 귀신의 눈을 바라보았을 때는 어떤 동물적인 감각도 느껴졌다. 그리고 귀신과 그 주변이 전체적으로 검은 오라라고 할 수 있는 것도 보였고 동시에 기운이 '쏴-' 한 느낌도 났으며 한기가 확 다가오기도 하였다. 그걸 느꼈을 때는 식은땀이 주르르 흐르고 두려움이 엄습해 오기 시작한다. 내가 뭔가 잘못된 걸까? 하고 말이다.

그 상태로 장례식장을 가보게 되면 이러한 영혼, 영가들을 보게 된다. 멍하니 사람들 오가는 것을 구경하거나 돌아다니거나 여기저기 기웃거리는데 어딘가에 앉아 있는 경우도 있다. 앉아 있을 때는 주로 구석이라든지 모퉁이 쪽에 있는 것을 보게 된다. 장례식장에선 상주와 그의 가족들이 주로 검은 옷을 입고 객을 맞아들인다. 그리고 사람이 돌아가게 되면 "삼가 고인의 명복(冥福)을 빕니다"라고 말하는데 그때 사용하는 명복이란 무엇인가? 죽은 뒤에 저승에서 받게 되고 누리게 되는 복을 말한다. 이때 한자 '명(冥)'이 어두울 명 자를 쓰게 된다. 그래서 그런 건지 고인의 가족들이 검은색 옷까지 입고 있으니 분위기까지 상당히 침울하다.

저승사자도 검은색 스타일이고 장례식장 상주와 가족도 검은색을 입는다. 어떤 외국인은 한국인들이 검은색 옷을 즐겨 입는다고 하였다. 그래서 그가 지하철을 타고 아침에 출근하는 한국인들의 사진을 찍은 것을 본 적이 있는데 우연의 일치였는지 모르겠지만 검은색 스타일의 사람들이 꽤 보였던 게 기억이 난다.

옛날에는 초상집이라고 하여서 그곳에 갈 때는 뭔가 안 좋은 꿈을 꾸었다거나 임신을 하였다거나 몸이 안 좋을 때는 방문을 아예 안 하거나 자제하였다. 나 어렸을 때만 해도 초상집은 상당히 소란스러웠고 거기 갔다가 영혼이 방문객의 뒤를 따라갔다는 이야기도 많이 듣고 자랐다. 그것 때문에 무속인 불러다가 굿을 하는 경우도 있었다. 쫓아오거나 따라온 영혼을 떼어 놓으려고 말이다.

장례식장을 찾아갈 때는 마음에 꺼리는 부분이 있으면 가는 것을 자제하는 것이 좋다. 사람에겐 감(感)이란 게 작동하는데 벌써 마음이 뭔가 좋지 않은 일이 있으리란 것을 알아차린 것이다. 그리고 그런 것을 극복하기 위해서 부적을 가지고 장례식장에 가려고 한다면 가지 말아야 한다. 그렇게까지 해서 간다면 안 가느니만 못하다. 또한 부고장을 받게 되면 의무적으로 가야겠다고 생각하지 말아야 한다. 고인(故人)과 본인의 관계성, 친밀성을 모두 고려하여야 하며 같은 회사 직원의 가족이 돌아갔다고 해서 꼭 가야 하는 것은 아니다. 옛날부터 경사(慶事)는 빠지더라도 조사(弔事)는 빠지지 말라는 말이 있는데 그런 문구에 매이지 말고 본인의 마음 상태와 관계성, 친밀성 등을 고려하여 결정한다면 아무 탈이 없을 것이다. 그리고 친구 따라 강남 간다고 누가 가자고 한다고 해서 같이 가서도 안 된다. 그렇게 하게 되면 좋지 않은 일이 발생한다.

27. 화장(火葬)과 삽자루

화장(火葬)이란 죽은 시체를 불사르고 남은 뼈를 모아 장사 지내는 것이다. 정말이지 살벌한 단어가 아닐 수 없다. 아무리 육신을 지상에 남겨 놓고 간다지만 이다지 서글플 수 있을까? 예뻐지라고 화장하고 꾸미고 가꾼 게 엊그제 같은데 말이다. 그 좋고 아름다운 옷도 이젠 더 이상 입어 볼 수가 없게 되었다. 하지만 이젠 도리가 없다. 다 돌아올 수 없는 추억이 되고 만 것이다.

조선시대에는 화장을 하지 아니하고 매장을 하는 풍속을 유지해 왔다. 그렇게 되면 무슨 문제가 생겨날까? 사람의 영혼은 혼(魂)과 백(魄)으로 나누어져 있어 영혼은 하늘로 올라가서 저승부의 심판을 받게 될 것이고 그렇지 않고 도를 많이 닦은 도인도사들의 영혼은 염라대왕을 거치지 아니하고 바로 자기 자리를 찾아가게 된다.

백은 육신에 남아 있다가 시일이 지나면 대자연으로 흩어지는데 만약 죽은 육신을 화장하지 않게 되면 육신에 남아 있던 백이 하늘로 올라간 영혼을 불러들이는 끌림의 법칙이 적용되고 만다. 영혼이 윤회를 거쳐 다른 곳으로 갔거나 하면 문제가 안 될 텐데 사람이 죽은 다음에 바로 윤회하는 경우는 그다지 많지 않다. 그래서 어떤 그럴 수밖에 없었던 특수한 경우를 제외하고는 다시 윤회를 하기 위해 준비해야 하는 기간이 존재하게 된다.

그렇다고 윤회를 너무 부정적으로 볼 필요는 없다. 지금 지상계에 있는 나의 현재 위치가 어느 정도인가를 알 수 있다면 천국에서 가까운지 아니면 천국에서 먼 거리에 있는지를 알게 된다. 만약 천국과 멀리 떨어져 있다면 이번 생을 천국에 한 발짝 다가갈 수 있는 기회로 여기고 지금까지 내가 이 책에서 한 말들을 잘 새겨듣고 분발한다면 하느님 나라에 더욱 가까워져 가게 될 것이며 나중엔 마침내 윤회를 종료할 것이다. 만약 그렇지 않고 악(惡)한 인생을 살다가 간다면 지금 현재보다 천국에서 멀어지게 되어 지금보다 더 후퇴한 상태에서 윤회하게 될 것이다. 그렇게 후퇴하여 다시 윤회를 할 경우에는 더 안 좋은 상황으로 떨어지게 된다. 그때 겪게 될 고통은 본인이 자초한 거지 하늘에서 일부러 그런 것이 아니니 누구 원망할 것도 없으리라 본다.

더구나 후퇴하여 떨어진 경우를 생각해 보면 지금도 악한 짓을 하여 다른 누군가에게 피해를 입혔는데 더 후퇴해 간다면 선(善)을 행할 생각조차도 후퇴하게 될 것이다. 다음에 태어나서 자신이 처하게 될 환경이 그렇게 만들어 버리는 것이다. 다른 사람들은 조금씩이나마 앞으로 나아가며 천국을 향해 다가가는데 악인은 반대의 길을 가고 있다고 생각해 보기 바란다.

어떤 종교 단체에서는 그들 단체의 신을 믿게 되면 윤회를 거치지 않고 곧장 하느님 나라로 보낼 수가 있다고 떠드는데 그렇지 않다. 불가능하다. 그래서 여러분과 내가 지금 상황에서 어떻게 살아가고 있는지가 상당히 중요하다.

그래서 『잡아함경(雜阿含經)』에 나오는 석가여래의 말씀을 깊이 새겨들었으면 한다.

> 欲知前生事 (욕지전생사)
> 내 전생의 일을 알고자 한다면
>
> 今生受者是 (금생수자시)
> 지금 현생에 받은 것을 보면 알게 될 것이고
>
> 欲知來生事 (욕지내생사)
> 만약 다음 생의 일을 알고자 한다면
>
> 今生作者是 (금생작자시)
> 지금 내가 현생에서 행한 것을 보면 알 수 있을 것이다

화장을 하지 않고 매장을 하게 되면 육신 자체에 남겨진 백의 기운이 매개체가 되어 혼을 불러들이므로 매장은 하지 않는 것이 좋다. 그런데 육신에 남아 있던 백의 기운이 육신 그대로를 100%로 본다면 화장함으로써 5% 내외로 뚝 떨어지게 된다. 화장해도 0%대로 완전히 수렴하지는 않는다. 그 이유는 화장 후에 골분(骨粉)이 남게

되기 때문이다. 화장을 했다고 해도 아직 다 정리가 안 되고 남은 것이다. 하지만 백의 기운이 95%나 떨어져 사라졌으므로 이젠 우리가 이 골분을 어떻게 하느냐에 달려 있게 된다. 이렇게 말하는 나를 보고 여러분은 이 인간 정나미 떨어진다고 할 수도 있을 것이다. 하지만 내 고충(苦衷)도 이해해 주기 바란다.

지금도 사람들은 화장을 한 다음 수목장, 잔디장, 화초장, 수장(水葬) 등 여러 가지 형태로 장례를 치르게 되는데 그렇게 하지 말고 골분 그대로를 순수한 땅을 파고 묻었으면 한다. 그래서 수목장 등은 권하고 싶지 않은 방법이다.

요즘은 납골당이라는 곳에 골분을 모시게 되는 경우가 적지 않다. 공동묘지 납골당도 많이 있고 개인 산에 납골당을 만들어 조상을 받드는 경우도 보았다. 지금 내가 있는 곳 태산북두 주변에도 납골당이 많이 있다. 하지만 납골당을 만들어 골분을 모시는 것은 영혼에게도 좋지 않고 후손에게도 좋지 않다. 그러므로 납골당을 만들어 모시는 것은 하지 않았으면 한다. 나는 납골당 문화가 업자들의 상술이 아닌가 생각한다. 그들이 납골이 좋다고 하며 납골의 폐단을 모르는 대다수의 사람들을 속여서 이런 병폐(病弊)가 생긴 거 아닌가 한다. 이해하기 쉽게 말한다면 납골당 항아리나 납골당 도자기에 본인이 언제까지인지도 모르게 갇혀 있다고 생각해 보기 바란다. 그게 좋겠다고 생각되는가? 대자연의 법칙에 어긋나도 한참 어긋난다.

그리고 산에 골분을 묻을 때는 가지고 간 삽으로 땅을 파면서 깊이를 가늠하면 된다. 깊이는 삽자루 길이만큼 파면 된다. 깊이가 삽자루 만큼이면 되지 너무 깊게 팔 필요가 없다. 영화나 드라마를 보게 되면 사람 키 높이보다도 깊게 파는데 그렇게 하지 않아도 된다. 대략 삽자루를 기준으로 하면 되고 깊이가 삽자루라면 폭은 삽자루보다 좀 더 작게 하면 될 것이다. 어떠한 딱 정해진 형식이 없으니 그 정도에서 편하게 하면 된다고 본다. 그러니 굳이 포클레인을 부르지 않아도 될 것이다.

그리고 화장한 골분을 이처럼 땅을 파서 묻지 않고 산 여기저기 뿌리는 사람도 있는데 그렇게 하지 말고 삽자루 깊이만큼 파고서 묻도록 한다. 백의 기운이 땅속에서 땅의 기운과 융화가 이루어져야 하는데 땅 위로 흩어지게 되면 그다지 좋지가 않게 된다.

골분을 묻은 다음에는 그 위에 봉분(封墳)을 만들지 말아야 한다. 평장(平葬)을 해야 한다는 것이다. 봉분을 만들어 버리면 옛날 산소처럼 위로 볼록하니 튀어나오게 된다. 그럼 어떻게 될까? 영혼은 봉분을 보자마자 자기 거처를 만들어 준 걸로 착각하게 된다. 봉분을 보고는 자기 집이니까 거기 머무르라고 한 줄 착각을 하게 된다는 것이다. 영혼이 5살 전후로 단순해져서 그렇게 여기는 것이다. 영혼이 하늘로 가지 않고 봉분에 남는 것이 좋겠는가? 이처럼 봉분이 있는 묘지를 쓰게 되면 조상 영혼이 남을 수 있고 그럼 후손한테 나쁜 기운이 흘러가니 좋지 않게 된다. 그러니 봉분 같은 것도 하지도 말고 그런 것에 얽매이지도 않았으면 한다.

그렇게 삽자루를 이용하여 골분을 묻고 평장을 잘 하게 되면 어디서 날아왔는지 나비가 평장 주변을 맴돌다 간다거나 혹은 그것에 그치지 않고 후손 주변을 살살 날다가 어느 곳인가로 다시 떠나갈 것이다. 누구나가 그런 나비를 보는 건 아니지만 어떤 사람은 가끔 그런 것을 보기도 한다. 나쁜 게 아니다. 영혼이 어떻게 알고 그렇게 일을 잘 처리해 주었냐고 고맙다고 하면서 인사하러 온 것이다. 생(生)나비가 스스로 후손에게 인사하러 온 게 아니라 그 나비에 영혼이 접신을 하고 날아오게 된다. 하얀 나비, 노란 나비, 검정 나비, 호랑나비든 거의 다가 돌아간 영혼이 접신되어 온 것이다. 그러니 따라오더라도 내쫓거나 손으로 잡지 말고 그대로 내버려 두면 나비가 알아서 한다. 나비 이 녀석이 귀찮게 왜 자꾸 따라다니지? 별놈 다 보겠네 하고 갖고 있던 삽자루로 휘휘 휘젓는 행동은 안 하는 것이 좋다. 좀 귀찮더라도 조용히 나비를 바라보며 지난 과거를 회상하면 되리라 본다.

28. 영정 사진에서 들려오는 소리

내가 사는 산골 마을에는 아침 7시가 되면 목욕 가방을 메고 들고 시골 버스를 타러 가는 할머니가 있었다. 7시 30분 차를 타고 읍내에 있는 목욕탕에 가려고 하는 것이다. 그런데 버스 타려고 나가는 시간이 매일 거의 일치하다시피 했다.

그런 사람들이 정말 있다. 시간 지키기를 칼같이 하는 사람들 말이다. 칸트(1724~1804)는 새벽 5시에 일어나서 하루 생활을 시작하였다고 한다. 5시에 일어나서는 그날 있을 강의를 준비하였는데 보통 일주일에 5일간 아침 7시에 강의를 시작했다고 한다. 그리고 남는 시간에는 글을 썼고 오후 3시 30분이면 주변 산책을 했다. 그런데 산책에 나서는 시간이 얼마나 규칙적이었는지 그 지역 사람들은 칸트가 자기 집 앞을 지나가는 것을 보고 시간을 맞췄을 정도였다고 한다. 하지만 평생에 두 번은 빼먹었다. 한 번은 루소가 지은 책 『에밀』을 읽다가 거기에 몰입되어 산책을 놓쳤고 또 한 번은 프랑스 시민혁명 관련 신문 기사를 읽을 때였다. 그리고 칸트는 매일 정확하게 7시간 수면 시간도 지켰다고 한다. 오후 10시에 자서 오전 5시에 일어났던 것이다. 시계보다 더 정확했다는 그런 칸트가 아침 5시가 되면 저절로 눈을 떴을까? 궁금하다.

할머니는 칸트처럼 산책은 아니지만 버스를 타고 읍내를 가려고 매일 마을 정류소로 나갔다. 그리고 오전이 거의 끝나 갈 시간이 되면 집으로 돌아왔다. 몇 년간 명절 기간을 빼고는 거의 하루도 안 빼먹고 버스를 타고 다녔다. 하지만 어느 날부터인지 가방을 메고 정류소에 가서는 차를 타지 아니하고 다시 돌아오곤 했다. 처음에 이 구역을 운행하는 버스 기사는 이 할머니를 태우려고 정류소에서 기다리는데 할머니가 차는 안 타고 계속 누군가를 기다리는 것이었다. 버스 기사가 시내를 향해 서둘러 출발하려고 "할머니 버스 출발합니다. 안 탈 거예요?" 큰 소리로 묻지만 할머니는 아무 대답도 하지 아니하고 무엇인가를 생각하며 사색에 젖어 있는 듯했다. 이런 일이 반복되자 버스 기사들에게 알려지고 그 할머니를 보는 버스 기사들은 그를 태우지 아니하고 그냥 지나쳤다.

할머니는 중·고등학교에서 교편을 30년 동안 잡고 정년퇴직을 한 후엔 이곳 마을에 내려왔다. 학교에선 수학 과목을 가르쳤다고 한다. 아들 내외가 가끔씩 이곳에 내려와 놀다가 가곤 했는데 그때는 손자 손녀들과 함께 내려오곤 했다. 그런데 할머니 나이가 80이 넘어가면서 서서히 치매를 앓게 되었다. 처음에 이 마을에 왔을 때는 무료한 시골 생활을 벗어나기 위해 꽃밭도 예쁘게 가꾸고 정원도 꾸미는 등 정말 부지런히 움직였다. 그리고 마을 노인회관에 다니기도 하면서 시골 생활에 익숙해지는 듯했다. 하지만 노인회관에 다니는 것은 반년을 채 넘기지 못하고 그만두었다. 사람들과 잘 안 맞았던 것이다. 그래서 다른 취미거리를 찾아보았다.

신앙생활을 한 것이다. 이번엔 교회에 열심히 다녔다. 이 마을에는 교회가 없었지만 옆 마을들에는 교회가 3개나 있어서 선택해서 다닐 수 있었다. 꽤나 다니는 듯하다가 어느 시점에 이르자 교회를 다니는 빈도가 점점 줄어들기 시작하였다. 거주하는 곳은 새로 지은 집이라 집도 컸고 대지도 시골 치고는 상당히 넓었다. 그런데 혼자서 살다 보니 매번 공허함을 느꼈다. 이때부터 시골 버스를 타고 읍내를 다니기 시작한 것이다. 읍내까지 거리가 10km 전후라서 버스를 타고 왕래하는 데 많은 시간이 걸리는 것도 아니었다.

처음엔 목욕 가방을 등에 메고 목욕탕에 다녔다. 목욕탕 정기 할인권을 가지고 말이다. 매번 시간을 정해 놓고 계획된 시골 생활을 하였다. 그러다가 시간이 흘러가면서 서서히 치매가 다가온 것이었다. 그래도 변함없이 아침 7시가 되면 목욕 가방을 메고 마을버스 정류장으로 나갔다. 하지만 차는 타지 않았다. 집에서 제시간에 나오기는 하지만 정류소에 와서는 버스를 타지 않고 계속 앉아 있기만 한 것이었다. 버스 기사들은 계속 그 할머니를 지나쳐 갔다. 버스를 안 탄다는 것을 이젠 안 것이다.

나는 '칸트 할머니'가 돌아간 줄도 몰랐다. 아들 내외가 나를 찾아와서 어머니가 돌아가셨다고 해서 그때 알았다. 내가 사는 이곳 태산북두 점집은 지대가 높은 산 쪽에 있어서 마을이 잘 보였다. 물론 동네가 커서 가구 수가 75가구나 되니 마을 전체가 다 보이는 것은 아니다. 듣기론 이 마을엔 옛날에 마을 이장이 2명이나 있었다고 한다. 한 마을에 말이다. 그리고 나도 할머니처럼 외지인(外地人)이다. 신령한 기운이 서린 여러 곳을 찾아다니다가 지금 있는 이 땅에 터를 잡아 집을 새로 지었다. 풍수를 볼 줄 아니까 터전 잡는 데는 도움이 되었지만 산기슭이다 보니 너무 안쪽이라 일반 사람들이 찾아오기가 쉽지는 않았다. 그런 단점도 있다. 그리고 이곳 태산북두 점집을 개원하고 나서부터 숱한 일을 겪었다. 정말이지 목숨이 왔다 갔다 한 적이 한두 번이 아니었다. 훌륭한 스승을 못 만나니 영혼, 귀신들을 어떻게 다뤄야 하는지를 못 배워서 시행착오를 너무 많이 겪었다. 그나마 영안이 깨어서 영혼 세계를 볼 줄 아는 것은 큰 수확이었지만 그러느라고 10년간을 얼굴 시커메져 가지고 전국을, 세계를 돌아다니며 수도하였으니 그 고생도 이루 말할 수가 없었다.

그리고 개원(開院) 이래 어떤 때는 귀신한테 쫓겨 손에 들고 있던 신선 부채와 불진을 내던지고 신발도 제대로 못 신어서 한쪽엔 운동화를 한쪽엔 슬리퍼를 신고 흉가에서 냅다 도망쳐 달아난 일도 있었다. 귀신들마다 왜 그리 사연들이 많은지 너무 가슴 아프기도 하였고 한곳에 있는 귀신과 옥신각신하는 과정 중에 또 다른 귀신이 그

뒤에서 조용히 지켜보거나 그 과정을 뚫어지게 쳐다보는 경우도 있었다. 귀신들끼리 얽히고설킨 상황인 것이다. 얽히고설켰다는 게 사연들이 많아서 그런 것이다. 그것이 거미줄처럼 연결되어 있었다. 참 사연 많은 민족이 한국인 아닌가 한다. 하늘이 내린 영성 민족인데 사람들이 운용을 잘 못하다 보니 여기까지 이른 것이라 본다. 그러니 나로서는 굉장히 피곤하고 힘든 일이다. 나의 직업은 요즘 말로 하면 3D 업종인 것이다. 다만 나와 같은 업종 종사자는 다른 업종과 달리 눈에 보이지 않는 세계를 다루고 있다는 게 큰 특징일 것이다.

내가 이 책을 쓴 목적에는 두 가지가 있다. 하나는 사람들로 하여금 지금은 비록 큰 학교 지구별에 내려와 있지만 도를 닦으며 수련하고 수련하여 윤회의 수레바퀴에서 벗어나게 하려는 의도이다. 하늘나라에서는 이런 이치를 전부 차단시켜 놓아서 지상계 사람들은 아예 감조차 잡지를 못하고 있으니 말이다. 그래서 아는 사람만이 도를 닦고 자신의 수준을 올려가고 있다. 그리고 설사 일반 사람들에게 알려 줘도 믿지를 않으니 전하는 입장에서는 더욱 힘들다. 하지만 힘들어도 사람들이 이런 이치를 알고 도를 얻을 수 있게 하려는 게 나의 의도이다.

다른 하나는 인류 사회의 도덕 수준을 비교적 높은 차원으로 올리려고 하는 것이다. 중국에서 수입해 오는 김치를 먹어 본 사람들이 많을 것이다. 얼마 전 이른바 '중국산 알몸 김치' 영상이 온라인에 퍼지면서 국내 소비자들의 불안감이 커지고 있다는 보도가 나왔다. 사람들의 반응은 충격적이어서 논란은 계속 이어졌다. 결국 정부에서 나서서 수입하는 김치와 관련한 위생관리 대책을 내놓았다.

그러자 중국산 김치 수입을 금지해야 한다는 여론이 국내는 물론 해외에서도 들끓어 올랐다. 그렇게 영상이 일파만파 확산되자 이젠 중국 당국이 직접 나서서 해당 영상 속 배추는 중국에서 한국으로 수출하는 것이 아니라고 해명까지 하게 된다. 그렇지만 국내 소비자들의 불안감은 전혀 꺼지지 않았다. 그러자 한국 정부가 중국 정부에 이어 직접 진화에 나서게 된다. 한국 정부는 우선 문제의 알몸 김치 영상은 몇 년 전 것으로, 여기에 나온 절인 배추들은 국내에 하나도 반입되지 않은 것으로 확인됐다고 발표했다. 또한 중국산 김치의 위생 상태에 대한 안전 대책도 여러 개 내놓았다.

내가 듣기론 중국에 거주하는 한국인들 사이에서는 이미 알려진 것이라 새삼스러울 것도 없다는 반응이었다. 더구나 보도된 대로 알몸 김치만 있다고 생각하는가? 더 심한 것은 없다고 생각하면 큰 오산이다. 이건 내가 하는 이야기가 아니다. 중국에 있는 관련 종사자들의 말이다.

중국산 김치는 한국으로의 수입을 완전히 금해야 한다. 사람 입으로 먹는 것 중 우리 사람 눈으로 보아서 이렇게 저렇게 속일 수 있다고 생각되는 품목은 철저히 배제시켜야 한다. 배추김치, 깻잎김치 전부 해당이 된다. 악에 찌든 그들은 반드시 사람을 속이려 든다. 밥 먹고 그것만 연구하는데 무슨 수로 당해 내는가? 나는 중국에 오래 있어 봤고 그들의 문화를 잘 알고 있다. 일부 중국인의 도덕성은 떨어져도 너무 떨어져 땅속으로 파고 들어간 지 오래다. 그렇다고 중국인 전부가 다 그렇다는 것은 아니다. 정말 훌륭한 사람들도 적지 않다. 올바르게 인생을 살아가는 사람들도 있다는 것이다. 다만 일부 중국인이 문제인데 14억이 넘는 중국 인구 중 일부를 대략 5,000만 명을 상회하는 것으로 본다면 한국 인구와 거의 비슷하다.

그리고 한국 정부의 위생관리 대책도 믿으면 안 된다. 그 위생관리 대책을 속이고 깨뜨리는 대책이 또 나온다. 속고 속이는 와중에 김치는 팔려서 한국에 올 것이고 정부가 위생관리 대책을 발표했으니 사람들은 안심하고 중국산 김치를 먹게 될 것이다. 오죽하면 내가 이런 말을 하겠는가? 이처럼 지구별 사람들의 도덕성은 땅에 떨어진 지 오래다. 도덕성과 상반(相反)되는 그것들은 마치 암세포와 같고 독버섯과도 같다.

그래서 나, 우리만 대자연에 있는 것이 아니고 눈에 보이지 않는 영적인 세계가 반드시 존재함을 알게 된다면 삼가고 조심하게 될 것이고 '적선지가는 필유여경(積善之家, 必有餘慶, 선을 쌓은 집안에는 반드시 경사가 있다)'이라는 말을 가슴에 새기며 평생 살아가게 될 것이다.

한편 자기 어머니가 돌아가셨다며 뒤늦게 어느 부부가 내가 있는 태산북두 도량을 찾아왔다. 밤이 늦은 시간이라 오늘 일을 마치고 마지막 저녁 명상에 들어가려고 막 준비하는데 밖에서 인기척이 들리며 노크 소리가 들렸다.
"계십니까?"
시계를 보니 밤 9시가 조금 넘었다.
"누구십니까? 이 시간에⋯."
"마을 주민이에요."
남자 목소리인 줄 알았는데 여자 목소리도 들렸다.
"잠깐만 기다리세요."
잠시 후 문을 열고 나가 보니 두 사람이 밖에 서 있었다.
"무슨 일로 오셨나요? 이 시간에⋯. 점 보는 시간이 오늘은 끝났어요. 내일 오시면 안 될까요?"
잠시 두 사람이 서로를 쳐다보기에 내가 재차 말했다.
"마을 사람이 아닌 거 같은데요?"
나는 마을 사람들 대부분을 알고 있었다. 그런데 처음 보는 사람들이었다.
그 남자는 할머니의 아들이었고 대학 교수라고 하며 나에게 명함을 건네주었다. 그의 부인은 학교에서 영어를 가르치고 있다고 하였다.

"어머니가 돌아가셔서요. 그런데 이상한 일이 생겨서 상담차 왔습니다."
"음…. 내일 일찍 오시면 안 될까요? 지금 너무 늦어서요. 죄송합니다."
"초면에 실례인 것은 압니다. 하지만 어떻게 해야 할지 몰라서 왔습니다."
참 난처했다. 그리고 가만히 보니 오른손에 무언가를 들고 있었다. 그는 마치 나한테 보여 주려는 듯 자세를 취했다.
"그건 뭔가요?"
"예. 이것 때문에 왔습니다."
순간 뭔가 하고 긴장감이 생겨났다. 심호흡을 한 번 하고 가만히 보니 무슨 액자 같기도 하였다. 네모반듯한 게.
"액자 같은데요?"
"예. 어머니 영정 사진이 들어 있는 액자입니다."
"영정 사진이요?"
"예. 영정 사진인데 뭐 좀 여쭤 보려고 가져와 보았어요…."
"그걸 왜 이리고 가져 오셨어요? 여긴 도량…. 그러니까 점집인데요?"
"도사님이 도력이 깊다고 다들 그러셔서요…."
"제가요?"
"예. 근데 소문이 사실 아닌가요?"
"소문이 그렇게까지…. 뭐 궁금한 게 뭔가요?"
"풀어 봐도 될까요?"
"상관없습니다. 요기다 놓고 끌러 보세요."
순간 세 사람의 눈이 보자기에 쏠렸다. 대체 무엇 때문에 그럴까?

보자기를 끌르는 그 짧은 시간에 오만 가지 생각이 내 머릿속을 스치고 지나갔다.

"…."

평범한 영정 사진이었다. 나는 그들에게 영정 사진이 들어 있는 액자를 놓고 가라고 했다. 오늘은 너무 늦었으니 내일부터 시간이 있으면 무슨 일인지 알아보고 연락 준다고 했다. 그러고 나서 그들은 바로 태산북두를 떠났다. 그날 깊은 새벽에 나는 어떤 소리가 들려 잠이 깨었다. 거실에서 들리는 소리였다. 액자에서 들리는 소리가 분명했다. 나는 '아이고야' 하고 한숨을 쉬었다. 아들이 들었다는 소리가 저 소리였구나….

불을 켜고 나가 보았다. 자세히 들어보니 자기 자식을 찾고 있는 중이었다. 이름을 부르고 있었다. 아까 교수가 준 명함을 서둘러 찾아보았다. 액자에서 흘러나오는 소리와 이름이 거의 일치하는 것으로 보였다. 나는 보자기를 끌러서 액자를 바로 잘 세워 놓고 삼배를 한 후에 진경(眞經) 주문을 외며 기도를 하였고 그러고 어느 정도 시간이 흘러 주위가 진정이 되자 바로 액자를 보자기에 쌓아서는 한곳에 잘 보관해 놓았다. 다음 날 아침이 되자 영정 속의 아들이 도량에 찾아와서 액자를 가지고 갔다. 갈 때 영정 사진을 어떻게 잘 처리할 것인가를 이것저것 말해 주었다. 궁금한 거 있으면 부담 갖지 말고 또 물어보라고 당부도 하면서….

우리는 살아가면서 신경 쓸 것이 너무 많다. 그런데 하나 더 신경을 써야 할 것이 있다. 바로 사진이다. 사진에 신경 써야 한다. '지하철에 나타난 저승사자'를 읽어 보신 분은 내가 사진 속에서 나오는 영적 기운에 대해 말한 것을 기억할 것이다. 이처럼 영적 기운은 사진을 통해서도 전달되기 때문에 사진 보관에 대해서도 신경을 써야 한다. 그래서 영정 사진에 대해 말해 보려는 것이다. 돌아간 분을 그리워해서 영정 사진을 거실에 걸어 놓는다거나 거실에 거는 것이 좀 그래서 방에다 걸어 놓는 분도 있을 것이다. 굉장히 안 좋은 방법이다. 이젠 영정 사진과 정 떼기를 하여야 한다. 마음이 참 아프겠지만…. 그렇게 해야 한다.

영정 사진에는 일반인들이 못 보는 영적 기운이 거의 들어가 있다. 그래서 영정 사진을 걸어 놓고 있으면 꿈을 꾼다거나 이상한 일도 겪게 된다. 그렇다고 해서 그 꿈이 앞날을 미리 예언해 주는 것도 아니고 나쁜 것을 피하게 도와주는 것도 아니기 때문이다. 그것들과 전혀 상관없는 꿈을 꾸는데 일단 꿈을 꾸고 나면 별로 개운치가 않게 된다. 그리고 기(氣)가 강하거나 뭔가 감(感)이 들어오는 것을 아는 사람은 자다가 자기를 부르는 어떤 소리를 듣기도 한다. 그 소리는 영정 사진에서 나오는 것이다. 바로 그 영정 사진이 차원세계와 지상계를 연결하는 매개체가 되는 것이다. 대체로 영정 사진을 집에 걸어 놓는 기간은 49제를 한다면 그때까지가 좋은데 길게 잡는다고 해도 6개월 정도까지로 하고 그 이후에는 영정 사진을 보자기나 종이로 쌓아서 장롱이나 또는 보관할 수 있는 곳에 잘 넣어 두면 된다.

이와는 다른 경우가 있을 수 있다. 영정 사진을 걸어 놓아도 되는 예외 말이다. 그때는 영정 사진으로부터 좋은 기운을 받을 수 있게 된다. 어느 회사의 대표가 건축물 공사를 하다가 다 하지 못하고 죽게 되었다. 아들이 아버지의 유언을 받들어 공사를 맡게 되었는데 아버지 영정 사진을 걸어 놓고 이렇게 축원하였다. "아버지 부족한 제가 이 공사를 맡게 되었는데 많이 힘들고 어렵지만 아버지 의도대로 공사를 잘 마무리 하도록 노력하겠습니다. 그리고 평소 말씀하신 대로 회사를 잘 이끌어서 세상 사람들을 이롭게 하는 그런 회사가 되도록 하겠습니다" 하고 말한다면 그때는 아버지의 영정 사진을 거는 것도 나쁘지 않다. 그렇지만 그런 경우는 별로 없을 것이라고 본다.

29. 제사(祭祀)

태어난 게 엊그제 같다는 생각이 든다. 그리고 해마다 생일 축가를 부르며 그날을 기뻐한 적도 있었다. 나름 즐거웠던 기억들이 머릿속을 스쳐 지나간다. 그런데 어쩌다 보니 벌써 제삿날이 돌아오고 말았다. 왜 이렇게 되었을까? 제삿날이 다가온다는 말도 못 들었는데 벌써 말이다.

옛날에 집에서 제사 지낼 때는 이상한 일이 많이 발생하였다. 제사상을 쳐다보며 생각에 잠겼다가 깜빡 졸았는데 순간 달그락거리는 소리에 놀라서 눈을 떴다. 그리고 믿을 수 없는 광경을 목격하게 된다. 갑자기 제사상 위에 있던 숟가락이 올라갔다 내려갔다 하다가 어느새 젓가락이 반찬을 집으러 돌아다니기도 한다. 어느 날인가는 아이들이 제삿날 제사상 옆에서 놀다가 갑자기 울기도 하였다. 그러고는 다른 방으로 도망을 간다. 엄마가 가서 달래며 왜 그러냐고 토닥이는데 아이가 하는 말이 기가 막힌다. 저기 제사상 옆에서 어떤 할아버지가 자기 보고 오라고 손짓을 한다는 것이다. 그 할아버지는 오늘 제사를 치르게 돼서 대자연의 끌림의 법칙에 의해 내려온 아이의 조상이다. 그러다가 후손이 놀고 있는 것을 보고서는 이리 오라고 손짓을 한 것인데 아이는 기겁을 하고 도망간 것이다.

지금 제사 문화는 많이 바뀌어야 한다고 생각된다. 내가 공자를 싫어한다거나 유교의 문제점을 지적하려는 게 아니다. 나는 어렸을 때 몇 년간 『소학』, 『추구』, 『동몽선습』, 『명심보감』, 『천자문』, 『사서(四書, 논어 맹자 대학 중용)』와 『주역』 등을 공부했다. 그리고 국민학교(지금의 초등학교)에 들어가면서 그 책들을 더 이상 공부하지 않았다. 할아버지가 한학자여서 하늘로 돌아가면서 놓고 간 상당한 분량의 옛날 책들을 내가 그 공부를 한 것이었다. 저 책 대부분이 공자와 관련된 책들이 많다.

제사를 지내면 돌아간 조상 영혼들을 불러들이게 되어 여러 가지로 안 좋게 된다. 이쪽은 인간계 저쪽은 영혼계 2차원적으로 분리가 된 것은 사람들이 한 것이 아니다. 하늘에서 일부러 해 놓은 것이다. 각자가 영역이 다르니 그곳에서 근기에 맞게 살라고 말이다. 그런데 조상 영혼들은 제사라는 것을 아무런 생각도 안 하고 있었는데 또는 윤회의 수레바퀴 속으로 들어가서 오지도 못할 건데 인간계에서는 조상을 위한다고 제사를 지내게 된다. 그러면 어떠한 일이 벌어지게 될까? 지금도 한국 산천엔 하늘로 못 돌아가고 머물고 있는 영혼이 많은데 그것도 모자라 제사를 지내며 조상 혼령들까지 불러들이면 지상계에서 사는 사람들에겐 더욱 안 좋게 된다.

제사 지내는 집마다 날짜가 각각 다르니 수시로 조상 영혼들이 지상계를 오가게 된다. 특별한 사유가 없으면 하늘에서도 막지 않는다. 인간에게 자유의지가 있듯이 조상 영혼에게도 그런 것이 있는 것이다. 그래서 지상계에서 제사를 지내게 되면 제사줄을 타고 그 기운이 하늘로 올라가게 된다. 그리고는 차원세계에 있던 조상 영혼의 자유 의지를 불러일으키게 되며 조상 영혼이 제사줄, 제사길을 타고 일단 지상계로 내려와서는 제사상을 차려 놓았으니 먹는 시늉이라도 하게 된다. 그건 조상 영혼이 원해서 먹는 것이 아니다. 살아생전 습(習)이 몸에 배여서 그렇게 하는 것이다. 굳이 이렇게까지 해야 하는가?

윤회하여 이미 없는 조상 영혼의 경우를 제외하고라도 하늘나라에 잘 있거나 한데 우리가 번거롭게 오게 하여 제사를 지내고 있으니 안 올 수도 없고 더구나 와서 보니 제사상을 차려 놓았으니 먹는 것이지 안 차려도 아무 문제가 없다는 것이다.

또한 제사상을 차리다 보면 많은 시간과 노동력을 소모해야 하며 신경을 쓰다 보니 그에 따라 다가오는 부수적 스트레스도 대단히 크다. 이젠 젊은 세대에서 깨어나서 그런 제사 문화를 조금씩이라도 바꿔 나가는 것이 어떨까 한다.

그럼 어떻게 하면 될까? 제사를 안 지내더라도 조상에게 예의를 잘 지키면 된다. '조상님 덕분에 우리가 이렇게 잘 살고 있으니 깊은 은혜에 감사드리오며 이젠 걱정 않으셔도 됩니다. 앞으로는 제사 대신 이처럼 축원으로 대신하겠습니다. 그리고 조상님이 못다 한 훌륭한 일을 우리 후손들이 잘 이어갈 수 있도록 하겠으니 천국에서 편히 쉬세요' 하고 각자가 축원을 3번 올리면 되는 것이다. 그걸로 많이 부족하지 않냐고 물을 건데 그렇지 않다. 간단한 축원이지만 엄청난 에너지가 나오게 된다. 하지만 3번은 하여야 한다. 3번을 하는 이유는 천, 지, 인의 모든 존재에게 내가 축원을 하고 있음을 알리는 행위이다. 그래서 10번, 100번 안 해도 괜찮다. 많이 할수록 좋은 것도 아니고 더구나 그렇게 되면 그전에는 제사에 매였는데 이번엔 제사 대신에 축원에 매이는 꼴이 되어 버린다. 그렇게 안 했으면 좋겠다.

축원할 때는 마음가짐을 진실되고 경건하게 하여야 하며 명분(名分)을 가지고 임해야 한다. 어디 해외 놀러 가기 위해서 제사를 못 지내겠다고 한다거나 다른 핑곗거리를 만들어서 제사를 안 지낼 거면 정당한 명분에 해당이 되지 않으므로 그때는 한 번도 빼먹지 말고 정해진 기일(期日)에 반드시 제사를 지내야 할 것이다. 잊지 않도록 달력에 알록달록 색깔별로 예쁘게 잘 표시해 놓거나 수첩에도 적어 가면서 말이다. 해외여행 가지 말라는 게 아니다. 오해하면 안 된다. 경건하고 존경하는 마음으로 축원을 잘 올렸으면 모든 것이 마무리된 것이다. 이때는 제주도를 가든 해외를 가든 아무 상관이 없다. 가서 하나라도 보고 배우며 공부하고 돌아오면 더욱 좋을 것이다.

서울 외곽과 경기도 경계 부근에서 일어난 일이다. 어느 택시 기사가 늦은 밤에 택시를 몰고 가고 있었다. 그는 영업을 위해 서울 외곽으로 나가서 다시 돌아오다가 저 길 앞쪽에서 어떤 하얀 소복 입은 긴 머리의 여자가 손을 흔드는 것을 보았다. 택시를 타려고 하는 것이었다. 차를 정차시키자 여자승객은 차 문을 열고 곧바로 뒷좌석에 탔고 그때까지는 아무 문제 없이 차를 몰고 가고 있었다. 그런데 하도 조용하고 인기척도 없어서 운전석 오른쪽 위에 있는 거울을 살짝 바라보았는데 순간 아무도 없는 것이었다. 깜짝 놀라서 고개를 뒤로 돌려 뒷좌석을 바라보았다. 하지만 여자 승객은 아무런 내색도 안 하고 택시 기사를 뚫어지게 바라보고 있었다. 그 순간 택시기사는 며칠 전 동료 기사들이 한 말이 생각이 났다. 어느 택시 기사가 밤에 색동저고리를 입고 쪽진 머리를 한 어떤 여자를 태웠다가 그 여자가 나중에 내렸는데 그 귀신이었다는 것이었다. 겁이 덜컥 났다. 혹시나 귀신이면 어쩌나 해서 두려움을 느낀 것이다. 하지만 그의 그런 걱정과 달리 아무런 일도 없이 무사히 목적지에 도착하였다.

여자는 집에 들어가서 돈을 가져와 택시비를 지불하겠다고 하였다. 그리하라고 하며 택시 기사는 안도의 한숨을 크게 내쉬었다. 별 걱정을 다 했구나, 요즘 세상에 귀신이 어디 있겠는가 하며 여자를 기다린 것이다. 그런데 돌아온다고 간 여자 승객은 함흥차사가 되었는지 돌아올 기미가 안 보였다. 택시 기사는 그 여자가 들어간 집을 기억하고 있었는데 택시비를 받아 오려고 그 집을 찾아가게 된다. 마당에 들어가자 대청에 환히 불이 켜져 있었고 방문을 활짝 열어 놓았는데 자세히 보니 제사를 지내고 있었다.

밖에서 나는 인기척을 듣자 집 안에 있던 사람들이 무슨 일인가 하고 마당으로 나왔다. 이 밤에 왜 우리 집에 오셨냐고 물으니 택시기사는 자기가 겪은 일을 말하고 서울로 돌아가야 하니 택시 요금을 빨리 달라고 하였다. 그리고는 넌지시 방 안에 있던 제사상을 잠깐 바라보다가 그만 깜짝 놀라고 말았다. 그 제사상 가운데에는 영정 사진이 있었는데 바로 자기가 태우고 왔던 손님이었던 것이다. 택시 기사는 너무 놀라서 그 자리에 그만 털썩 주저앉아 버렸다. 그러자 집에 있던 어떤 사람이 택시 기사에게 택시 요금을 손에 쥐어 주며 말했다.
"그 여자 때문에 많이 놀라셨다니 정말 죄송합니다. 몇 년 전부터 택시 기사 분들이 저희 때문에 놀라게 되었네요. 오늘은 저의 집사람 기일(忌日)입니다."
택시 기사는 거기서 영혼 귀신을 택시에 태우고 온 게 자기가 처음이 아니라는 말을 듣게 된다.

충남 아산에 외암마을이라는 곳이 있다. 지금은 외암마을 주변에 아파트도 들어오고 하였지만 이 이야기가 있었던 당시만 해도 그렇지는 않았다. 그때 이 외암마을 주변에 마을이 또 있었는데 매해 그날만 되면 나타나는 영혼 귀신이 있었다. 그리고 밤이 되면 책가방을 매고 어딘가로 가곤 하였는데 다니던 그 길 어딘가에서 교통사고로 죽은 여학생 영혼 귀신이었던 것이다. 사람이 아니고 죽은 귀신인 것이다. 어떤 마을 사람이 그 주변으로 이사 온 지 얼마 안 되었다. 그런데 이상한 일을 겪게 된다.

하루는 그가 날이 어두워지자 볼일을 마치고 자전거를 타고 서둘러 집으로 돌아오는데 같은 방향 앞쪽에 먼저 걸어가는 사람이 있었던 것이다. 그래서 살짝 피해서 가고 있는 중에 뭔가 느낌이 이상해서 뒤를 돌아다보았다. 하지만 분명히 10m 뒤에 있어야 할 사람이 없는 것이다. 놀래서 잠깐 자전거에서 내린 후 다시 이곳저곳을 찾아보았지만 아무도 보이지 않았다. 그래서 그는 자기가 헛것을 잘못 본 것으로 알고는 다시 자전거를 타고 집으로 향했다. 하지만 채 40~50m도 가기 전에 아까 본 사람이 앞쪽에서 걸어가고 있었다. 그는 순간 당황했지만 방금 전에는 자세히 못 보았는데 지금 보니 학생이었다. 여학생 말이다. 그래서 이번에도 살짝 비켜서 가는데 뒤에서 부르는 소리가 들렸다.
"아저씨…."
그는 그 소리를 듣고는 깜짝 놀랐다. 사람 소리가 맞긴 맞는데 약간 사람의 목소리와는 다른 느낌이 들었다. 그래도 자전거를 멈추고 뒤를 돌아보니 창백한 표정의 여학생이 자기를 부르고 있었던 것이다.
"저 좀 뒤에 태워 주시면 안 되나요? 저기 앞마을 입구에서 내릴 건데요…."

여학생의 부탁을 받고 순간 망설였지만 저기 앞마을까지면 500m도 채 안 되니 뒤에 타라고 하였다. 그런데 느낌이 또 이상했다. 한기가 쫘악 밀려오는 것을 느꼈으며 더구나 사람이 자전거를 타게 되면 몸무게로 인해 자전거가 움직여야 하는데 전혀 그런 것이 없었던 것이다. 그래도 약속은 했으니 자전거를 몰아 목적지까지 거의 도착해서 다 왔으니 내리라고 했는데 대답이 없었다. 뒤를 돌아본 순간 그는 또 한 번 깜짝 놀랐다. 아무도 없었던 것이다. 그는 그 자리에 털썩 주저앉았다. 자전거도 그와 함께 넘어져서 나뒹굴었다. 나중에 알고 보니 몇 년 전 앞 동네 그 마을 어귀 집에서 학교를 다니던 여학생이 밤에 집으로 돌아오다가 교통사고를 당했다고 한다. 부모가 아이를 잊지 못해 작년부터 제사를 지내고 있다는 이야기를 듣게 된 것이다. 그날이 바로 제삿날이었던 것이다.

영혼 귀신이 제삿날에 교통수단을 이용해 찾아오는 경우가 종종 있는데 서울, 경기뿐만 아니라 전국에서 그런 일이 심심찮게 일어나는 편이다. 그와 관련 택시 기사들이 겪은 이야기도 상당히 많고 그런 일을 겪은 당사자들의 심적 고통은 이루 말할 수도 없다. 어느 택시 기사는 그런 일을 당하자 기사 일을 그만두기도 했다.

그러므로 제사를 지내지 않으면 굳이 지상계로 내려오지 않을 것이니 택시나 자전거를 타고 오는 일도 없을 것이다. 찾아오는 당사자는 지상계에서 제사상을 차려 영혼을 불러들이니 안 갈 수도 없으니 여러모로 불편할 것이고 지상계의 사람들 또한 영혼 귀신의 등장 때문에 엉뚱하게도 피해를 보기 때문이다.

하늘에서 눈이 분분히 떨어지던 추운 겨울날 밤, 어느 집 제삿날에 찾아와 대문을 두드린 몽달귀신과 달걀귀신에 대해서도 이야기를 더 하고 싶은데 이만 줄여야 할 것 같다.

에필로그

나는 이제 펜을 내려놓고 여러분 곁을 떠나 다시 나의 도량이자 일터인 태산북두로 향하려고 행장을 꾸리고 있다. 가기 전에 한 편의 한시(漢詩)를 올려놓았다.

야설(野雪) 들판에 내린 눈 / 서산대사

踏雪野中去 (답설야중거) 눈 덮인 들판을 걸어갈 때는
不須胡亂行 (불수호란행) 그 발걸음을 어지러이 하지 말라
今日我行跡 (금일아행적) 오늘 내가 남긴 이 발자국은
遂作後人程 (수작후인정) 훗날 뒷사람들의 이정표가 되리니

나는 새벽에 일어나 하루를 시작할 때면 야설 한시를 세 번 읊조린다. 나 자신이 흐트러질까 봐 삼가고 조심하며 경계하는 것이다. 여러분도 나처럼은 아니지만 가끔씩 야설시를 암기하듯이 노래한다면 어떨까 한다. 그리고 아주 먼 훗날 저승사자와 함께 이승을 떠나갈 때 또는 삼도천을 건너기 직전까지는 이 시를 한 번 크게 읊조려

보는 것이다. '나의 이번 생(生)은 후회가 없었노라' 하고 말이다. 그러면 저승사자가 큰 대우는 못할지언정 함부로 하지는 못할 것이다. 오히려 저승사자도 그 시를 잘 알고 있으니 반가워할지도 모른다.

(언젠가 출간될 『저승사자의 전생 이야기』 편을 읽어 보면 왜 저승사자가 그 시를 잘 알고 있는지를 알 수 있을 것이다.) 하지만 그는 절대로 내색은 안 할 것이다. 이 외의 다른 좋은 방법이 있다면 그리해도 좋다고 여겨진다. 천국에서 석가여래, 예수, 노자, 최고급 신들이 여러분을 향해 "나중에 올 때 다른 층계로 가지 말고 상천계로 꼭 오라"고 자애롭게 미소 지으며 손짓하는 것을 잘 살펴보기 바라며 이 시를 그곳으로 가기 위한 여러분 인생의 이정표로 삼았으면 한다.